JN058218

改訂版

経済分析入門 I

―ミクロ経済学への誘い―

前田 純一 著

晃洋書房

改訂版へのはしがき

　『経済分析入門Ⅰ』の初版が刊行されて以来，筆者が教鞭をとっている大学でも教材として使用させていただいていますが，近年，初版であつかっている内容のうち基本の部分に重点をおかなければならない状況がでてきました．

　初版では，図による解説を中心とした基本となる部分，内容的には基本の部分ですが若干の数学的な取り扱いを含んだ部分，および，（基本から少し進んで）基本を適用した（若干の）発展部分を交互に並べて学修を進めていくように内容を構成していましたが，近年では，図による解説を中心とした基本の部分を中心に講義を進めていかなければならなくなってきました．

　そのような数年来の状況の変化を鑑みて，初版の構成を変更する必要性を感じるようになってきたため，このたび改訂版を刊行させていただくことになりました．この改訂版では，まず「基本編」として，図による解説を中心とした基本となる部分をまとめています．基本編は第2章から第4章によって構成されていますが，具体的には，第2章で消費行動の分析の基本部分，第3章で生産行動の分析の基本部分，第4章で市場の分析の基本部分をそれぞれ解説しています．各章の概要については第1章の前半で解説をおこない，また，「基本編」全体のイメージについて，第1章の前半に関連した図で示しています．

　次に，内容的には基本の部分ですが若干の数学的な取り扱いを含んだ部分は，第2章に続く補論A，補論B，第3章に続く補論C，補論Dでそれぞれ解説しています．具体的には，補論Aで効用関数をもちいた消費行動の分析，補論Bで需要の弾力性，補論Cで生産関数をもちいた生産行動の分析，補論Dで供給の弾力性について解説をおこなっています．それぞれ第2章，第3章の内容を

より深めるものになっています．

　最後に，（基本から少し進んで）基本を適用した（若干の）発展部分については，「基本の適用編」として第5章から第8章にかけてそれぞれ考察をおこなっています．具体的には，第5章で市場の効率性についての分析，第6章で市場の失敗についての分析，第7章で独占市場の分析，第8章で不完全競争市場の分析について，それぞれ「基本編」で確認した知識をもちいながら考察をおこなっています．各章の概要については第1章の後半で解説をおこない，また，「基本の適用編」全体のイメージについて，第1章の後半に関した図で示しています．

　サブ・タイトルに「誘い」という言葉を使っているのは，文字通り，本書によってミクロ経済学の勉強は思っていたほど難しいものではないという気持ちを（少しでも）起こしてもらうことができれば，という筆者の思いがあるからです．そして，本書のような入門書を超えて本格的なミクロ経済学のテキストに進んでいってもらうことができれば筆者の望外の喜びです．

　　　2020年3月

　　　　　　　　　　　　　　　　　　　前　田　純　一

目　　次

基本の適用編

第1章 本書の構成

　本書は，ミクロ経済学で取り扱われるさまざまな分野のうち，基本となる部分のみを取り上げて詳細な解説を行うこと，および，それらの基本部分を適用したいくつかの（基本から少し進んだ）分析を紹介することを目的として書かれています．基本となる部分については，第2章から第4章の「基本編」において解説を行い，基本部分を適用した分析については，第5章から第8章の「基本の適用編」において分析を紹介しています．なお，若干の数学的な手法を含んだ分析については，第2章の補論，第3章の補論において解説をおこなっています．

1.1　「基本編」について

　ミクロ経済学の基本となる部分は，大まかに言って消費行動の分析，生産行動の分析，および，この2つの分析にもとづいた市場の分析の3つの部分に分かれています．そして，消費行動の分析から需要曲線が導出され，生産行動の分析から供給曲線が導出され，導出された需要曲線と供給曲線にもとづいて市場の分析が行われることになります．

　第2章では消費行動の分析について，第3章では生産行動の分析について，第4章では市場の分析について，それぞれ基本となる部分について図をもちいた分析を中心に解説をおこない，若干の数学的な手法をもちいた分析については，第2章，第3章の補論において解説をおこなっています．以下，各章の概要について述べていきます．

1.1.1　第2章の概要

　消費行動の分析から需要曲線を導出するための過程においては**最適消費点**が用いられますが，最適消費点は**無差別曲線**と**予算制約線**から導出されます．第2章「消費行動分析の基本」では，まず予算制約線と無差別曲線を紹介し，それらを用いた最適消費点の導出について解説を行います．そして，最適消費点にもとづいて，価格の変化によって予算制約線が変化し，その変化を受けて最適消費点が変化することから需要曲線を導出し，同時に，価格や所得が変化すると予算制約線の変化から最適消費点が変化しますが，その変化が需要におよぼす効果を表した**所得効果・代替効果**についても考察していきます．

　なお，第2章の補論Aにおいては，若干の数学的な手法をもちいた消費行動分析について解説をおこなっています．補論Aでは，効用の大きさを表す効用関数を分析に導入し，**限界効用**という考え方をもちいながら最適消費点で成立する条件について考察をおこなっています．最適消費点について考察をおこなうという意味では第2章での分析と同様のことを考察していくのですが，第2章における図を中心とした解説に若干の数学的な手法による分析を加えて，消費行動の分析をより深めています．

　第2章の補論Bにおいては，価格や所得が変化したとき予算制約線の変化から最適消費点が変化し，その結果，最適消費点が移動することから需要に変化がおこりますが，この変化について「変化率」という考え方をもちいながら考察していきます．まず価格の変化については，ある財の価格の変化率に対して，

その財への需要の変化率を考えたものが**需要の価格弾力性**とよばれるものですが，補論Bでは，まず需要の価格弾力性について簡単な例と図をもちいながら解説していきます．

　次に，所得の変化についても，予算制約線の変化から最適消費点が変化し，その結果，最適消費点が移動することから需要に変化がおこりますが，所得の変化率に対して，その財への需要の変化率を考えたものが**需要の所得弾力性**とよばれるものです．需要の所得弾力性についても簡単な例と図をもちいながら解説していきます．

1.1.2　第 3 章の概要

　生産行動の分析から供給曲線を導出するための過程においては，生産行動にかかる費用に関する分析がもちいられます．第 3 章「生産行動分析の基本」では，はじめに生産量と費用の関係を表した費用曲線にもとづいて**平均費用，平均可変費用，限界費用**についてそれぞれ解説を行い，この 3 つの費用を図を用いて表した 3 つの費用曲線の図を導出します．次に，利潤を最大にするための条件について考察を行った後，3 つの費用曲線の図を用いて最大利潤がどのように図をもちいて表されるかについて考察を行います．そして，最大利潤を表す図を用いながら価格の変化（低下）によって最大利潤がどのように変化していくかについて考察し，最大利潤がゼロとなる**損益分岐点**，生産活動が停止される**企業閉鎖点**が導出されます．これらの分析にもとづいて企業閉鎖点と限界費用曲線から供給曲線が導出されます．

　第 3 章の補論Cにおいては，第 3 章では触れられていなかった生産量の決定についての分析から始めるために，まず**生産関数**について解説をおこないます．そして，この生産関数をもとにして，第 2 章の補論Aでの分析において重要な役割を演じたいくつかの概念の 1 つである限界効用とよく似た**限界生産力**について解説をおこないます．この補論Cでも限界生産力が重要な役割を演じるこ

とになります.

　また，第2章の分析において重要な役割を演じた無差別曲線とよく似た**等生産量曲線**についても解説をおこないます．そして，決められた費用の範囲で使用できる生産要素の組合せを表した**等費用曲線**と合わせて分析を進めることで，ある生産量を実現するための最小費用について考察をおこないます.

　このような分析によって最小費用を実現するための条件に関する考察に進みますが，等生産量曲線を使って表される**技術的限界代替率**の考え方をもちいながら，費用最小点で成立する条件について検討していきます.

　第3章の補論Dにおいては，第2章の補論Bで考察した弾力性の考え方をもちいながら**供給の価格弾力性**について解説をおこないます．企業が供給する財の価格が変化したとき限界費用曲線との交点が変化することから利潤最大条件が成立する点が変化し，その結果，供給量に変化がおこりますが，この変化について（第2章の補論Bと同様に）「変化率」という考え方をもちいながら，簡単な例と図をもちいながら解説していきます.

1.1.3　第4章の概要

　第2章，第3章で需要曲線と供給曲線がそれぞれ導出された後，両者が出会う市場について考察を進めていきますが，第4章「市場分析の基本」では，まず**完全競争市場**について解説を行います．消費者や生産者，および，市場に関するいくつかの条件が満たされた市場のことを完全競争市場とよびますが，第4章の前半部分では，この市場を前提としながら需要と供給の相互作用によって市場の均衡（需要と供給が一致する状態）が成立していく過程について考察を行います．この過程には，価格の調整作用によって市場の均衡に近づいていく場合と生産量の調整作用によって近づいていく場合が考えられますが，前者を**ワルラス的安定**，後者を**マーシャル的安定**とよびます．また，需要曲線と供給曲線の形状によっては，必ずしも市場の均衡に近づいていかない場合があること

も併せて考察していきます.

　第4章の後半部分では, 完全競争市場を前提としながら**余剰**という考え方について解説を行っていきます. 消費者と生産者が市場に参入することなく, それぞれ個別に交渉を行い, 生産物の取引を行うことは十分可能な行動と考えられますが, 彼らがそのような行動を取ることはほとんどなく, 市場において取引を行うことは一般的なことと考えられます. これは市場において取引を行う方が個別に交渉を行うよりも何かメリットがあるからではないでしょうか. 第4章の後半部分では余剰という考え方を用いながら, 市場での取引によって消費者と生産者がそれぞれ享受するメリット (**消費者余剰**, **生産者余剰**) について解説をおこなっていきます.

　第2章から第4章においておこなわれる解説が本書で取り扱う分野の基本部分になります. 第5章以降の各章では, これらの各章で解説を行った基本部分を適用したいくつかの (基本から少し進んだ) 分析を紹介していきます. なお, 基本編のイメージを**図1-1**で示しています.

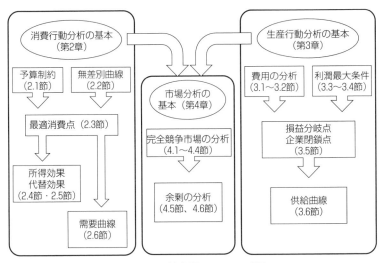

図1-1　基本編のイメージ図

1.2 「基本の適用編」について

　基本編において解説をおこなったミクロ経済学の基本部分を適用したいくつかの (基本から少し進んだ) 分析をここでは紹介していきます．基本部分の適用例として，第5章では市場の効率性について，第6章では市場の失敗について，第7章では独占市場の分析について，第8章では不完全競争市場の分析について，それぞれ基本部分をもちいながら考察を進めていきます．以下，各章の概要について述べていきます．

1.2.1　第5章の概要

　第5章「適用例1：市場の効率性」では，第2章，第2章の補論Aおよび第4章の基本部分を適用する少し進んだ分析の1つとして，それぞれ別々の財を保有している2人の取引について無差別曲線をもちいた簡単な分析をおこない，取引をしていない最初の状態よりも取引をおこなった後の状態の方が，それぞれの効用水準が高くなっていることを確認していきます．そして，取引によって実現される効用水準のなかで，もうこれ以上高くすることのできない水準が含まれていることを確認しますが，このような状態が実現された場合，どちらかの効用水準をさらに高めるためには，もう1人の効用水準を低下させなければなりませんが，このような状態のことを**パレート最適**な状態とよびます．

　パレート最適な状態が市場において価格の調整作用を通じて実現されることも確認していきますが，これは**厚生経済学の第1基本定理**とよばれるものです．また，どのようなパレート最適点も政策によって実現できることも確認してきますが，これは**厚生経済学の第2基本定理**とよばれるものです．

1.2.2 第 6 章の概要

　第 6 章「適用例 2：市場の失敗」では，第 2 章から第 4 章までの基本部分を適用する少し進んだ分析の 1 つとして，市場で取引される財のなかで市場の効率性を達成できない財について考察していきます．たとえば公害を発生させるような財の取引は，明らかに市場の効率性を達成していないでしょう．ある財の生産をおこなう際に，その生産活動が公害のような社会的費用を発生させる場合を**外部不経済**といいます．一方，教育のような財を考えた場合，教育を受けた人々がたとえば生産活動に貢献し，経済活動にプラスの影響を与えたりすることから，その生産活動が社会的便益を発生させる場合も考えられます．このような場合を**外部経済**といいます．

　第 6 章では，公害のような外部不経済が発生する場合に，たとえば政府が環境税を課すことによって，企業が社会的費用を考慮した場合と同様の生産活動をおこなうようになることを，第 4 章で解説した余剰に関する分析をもちいながら考察していきます．

1.2.3 第 7 章の概要

　第 7 章「適用例 3：独占市場の分析」では，第 2 章から第 4 章までの基本部分を適用する少し進んだ分析の 1 つとして，ある財の市場での生産活動が 1 企業のみによって行われているような売り手が独占している市場について解説を行っていきます．競争相手がいないため，このような市場にいる唯一の企業は生産した財の価格を自由に設定することができますが，高い価格を設定すると需要が減少し，利潤の減少につながるかもしれません．逆に，低い価格を設定すると需要が増加し，利潤の増加につながるかもしれません．

　このように独占企業は利潤を最大にするために価格および生産量をどのように設定すればよいかという問題を考えなければなりません．第 2 章で考察した需要曲線，第 3 章で考察した利潤最大条件および 3 つの費用曲線の図を用いな

がら，さらに**限界収入**という考え方を導入して，まず利潤を最大にするための価格と生産量の決定について考察していきます．そして，その考察にもとづきながら，次に第4章の後半部分で考察した余剰の考え方を適用しながら，完全競争市場と比較した場合，独占市場では余剰の損失が発生していることを確認していきます．

1.2.4 第8章の概要

　第8章「適用例4：不完全競争市場分析の基本」では，ある市場に複数の企業が存在する場合の分析について考察をおこなっていきます．ある市場内に複数の企業が存在する市場のことを**寡占市場**とよびますが，第8章では，まず寡占市場で起こる価格が硬直的であまり動かないという現象（価格の下方硬直性）について，第2章で考察した需要曲線をもとに**屈折需要曲線**を導出し，第3章で考察した利潤最大条件および費用の分析を適用しながら考察を進めていきます．

　次に，寡占市場では，ライバル企業がお互いに生産しているものが類似の財であってもデザインや性能のわずかな違いによって消費者を引きつけようとする競争がおこなわれていますが，そのように価格以外の要素によって財が差別されるような市場の分析について考察を進めていきます．

　企業独自のデザインや性能をもたせた財を供給し，それによって消費者を引きつけることができれば，その財はその企業によって独占的に供給される財になります．その一方で，類似した財を生産している企業は多数存在しており，その財の市場では競争がおこなわれています．このように競争的な市場ではあるが，同時に，独占的な要素ももっている市場のことを**独占的競争**市場とよんでいます．このような市場で生産量や価格がどのように決定されているかについて，第2章で考察した需要曲線，第3章で考察した利潤最大条件および3つの費用曲線の図を用いながら考察していきます．

　最後に，利潤の最大化ではなく売上高に注目して生産量や価格を決定している企業について分析をおこないます．売上高が大きいほど，消費者を引きつけることができたり，市場占拠率を大きくすることができるので，売上高の最大化を想定する企業も存在するのです．

　第5章から第8章が基本の適用編になりますが，基本編との関連性について，図1-2でイメージを示しています．

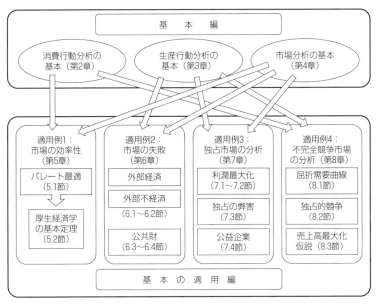

図1-2　基本編と基本の適用編の関連図

基本編

第2章　消費行動分析の基本

第2章

　人々は，毎日のように買物をしていますが，このとき，どのようにして買う物を決めているのでしょうか．買物に行くときは，（当たり前ですが）財布をもっていきます．そして，財布の中身と相談しながら買物をすることになりますので，まず最初に重要なポイントとなることは，もっているお金がいくらであるかということです．そして，この「もっているお金の範囲」で買物をすることになるのです．

　買物をするときに重要となるもう1つのポイントは，何を買うのかということです．買いたい物はたくさんあるでしょう．しかし，残念ながら「もっているお金の範囲」でしか買物ができないため，買いたい物の中から取捨選択をしなければならなくなります．そして，この取捨選択をおこなうときに，できるだけ納得のいくようにおこなわなければなりません．すなわち，買物をするときの，もう1つの重要なポイントは「できるだけ納得のいく」ように買う物を決めるということになります．

　以上のことから，人々の購買行動，すなわち消費行動は，この2つの重要ポイントにもとづいて分析されることになります．1つ目のポイントである「もっているお金の範囲」は言い換えると「予算」です．2.1節では，この予算

について考えていきます．また「できるだけ納得のいく」ように買物をしなければなりませんが，消費者の「納得度」をどのように考えればよいかというのは少し難しい問題です．この納得度については，2.2節，2.3節で考えていきます．そして，「もっているお金の範囲」で「できるだけ納得のいく」ように買物をするためには，どのようにすればよいかということを2.4節で考えていきます．その後は，もっているお金が変化した場合の影響，購入するものの価格が変化した場合の影響について，それぞれ2.5節，2.6節，2.7節で考えていきます．

2.1 予 算 制 約

　この節では，消費行動の分析のために，「もっているお金の範囲」が図を使ってどのように表されるかについて考えていきます．「もっているお金の範囲」で買物をするわけですから，言い換えると，これは買えるものの範囲ということになります．このことを具体的に考えるために，次のような例を考えましょう．

　大学の講義で使うために，ノートを何冊かと鉛筆を何本か買うことにします．手元には1000円のお金をもっており，ノートは1冊100円で，鉛筆は1本50円だとします．もっているお金をすべて使ってノートと鉛筆を買うことを考える，すなわち，お釣りをもらうことは考えないことにすると，考えられる組合せは**表2-1**のようになります．

　ノートと鉛筆は，**表2-1**に表されたどれかの組合せで購入することができますが，次に，この表に表された組合せを座標で表すことを考えてみましょう．縦軸にノートの冊数をとり，横軸に鉛筆の本数をとって**表2-1**に表された組み合わせを座標上の点で表すと**図2-1**のようになります．

　図2-1上のそれぞれの点を直線で結んでいくと，**図2-2**に描かれているよ

表2-1　購入可能な組合せ

ノート	鉛筆	合 計 金 額
10冊	0本	100円×10冊＋50円×0本＝1000円
9冊	2本	100円×9冊＋50円×2本＝1000円
8冊	4本	100円×8冊＋50円×4本＝1000円
7冊	6本	100円×7冊＋50円×6本＝1000円
6冊	8本	100円×6冊＋50円×8本＝1000円
5冊	10本	100円×5冊＋50円×10本＝1000円
4冊	12本	100円×4冊＋50円×12本＝1000円
3冊	14本	100円×3冊＋50円×14本＝1000円
2冊	16本	100円×2冊＋50円×16本＝1000円
1冊	18本	100円×1冊＋50円×18本＝1000円
0冊	20本	100円×0冊＋50円×20本＝1000円

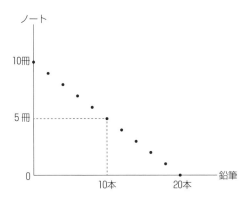

図2-1　購入可能な組合せの座標

うな直線が得られます．このようにして得られる直線のことを**予算制約線**とよんでいますが，この直線が表していることは，ある予算（ここでは1000円）で購入できるものの組合せ（ここではノートと鉛筆の組合せ）です．

　もちろん，ノートや鉛筆は細切れにして販売することができませんので予算制約線上のすべての点が購入できる組合せを表しているわけではありません．

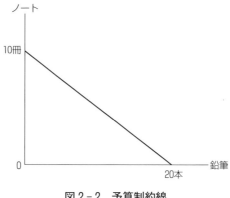

図 2 - 2   予算制約線

しかし，たとえば，グラムいくらで販売している肉などを考えれば，予算制約線上のすべての点は購入できる組み合わせを表すことになります．これで「もっているお金の範囲」で購入できる組合せを図を使って表すことができました．

2.2   無差別曲線

　本章の序文で述べましたように，買物をするときは「できるだけ納得のいく」ようにしているはずです．この節では，この納得度を分析する方法について考えていきましょう．

　ここでも例を使って考えていきます．いま，リンゴ 10 個とミカン 10 個が入ったカゴをもっているとしましょう．このカゴに入っている果物はすべて自分のものだとします．そこに友人がやってきて「リンゴを 2 個あげるから，ミカンを 3 個ちょうだい」と果物の交換を申し出たとしましょう．この申し出に対して「いいよ」と答えて交換したとします．

　この果物の交換について，納得度という側面から考えてみましょう．最初は，

リンゴ10個とミカン10個（「組合せA」とします）をもっていました．交換に応じた結果，リンゴ12個とミカン7個（「組合せB」とします）になりました．この交換に応じたということは，組合せAと組合せBは，自分にとってどちらでもよかったということになります．納得度という側面から考えると，どちらの組合せも納得度が同じであったと考えることができます．

　もう少し交換をおこなってみましょう．最初の状態（リンゴ10個，ミカン10個）に戻ります．別の友人がやってきて「ミカンを5個あげるから，リンゴを3個ちょうだい」と申し出て，交換をおこなったとします．その結果，リンゴ7個とミカン15個（「組合せC」とします）になりました．この場合も，組合せAと組合せCの納得度が同じであると考えられます．

　ここで，重要な用語を紹介しておきましょう．納得度という言葉を使って考察を進めていますが，ここまでの話で，納得度を「満足度」という言葉で置き換えても，同じ話ができるでしょう．したがって，納得度や満足度を，それらを総称した別の言葉で置き換えることができれば，ここまでの話は一般的な話として使うことができます．

　納得度や満足度を総称した言葉は**効用**という言葉です．ここからの話では，この効用という言葉を使っていくことにしましょう．

　効用の大きさが同じになるリンゴとミカンの組合せを図で表すことを考えてみます．縦軸にリンゴ，横軸にミカンをとって，組合せA，組合せB，組合せCを座標で表すと，**図2-3**のようになります．

　次に，組合せBが最初の状態であったとして，友人から「リンゴをいくつかあげるから，ミカンをいくつかちょうだい」という申し出を受け，果物を交換したとしましょう．すると，リンゴが増え，ミカンが減るので，組合せBよりも左上にあるような点に移動することになります．もちろん，交換前と交換後の効用の大きさは同じです．あるいは，組合せCを最初の状態として，「ミカンをいくつかあげるから，リンゴをいくつかちょうだい」という交換の申し出

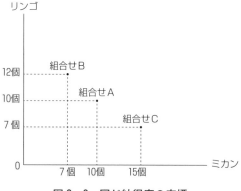

図 2 - 3 同じ納得度の座標

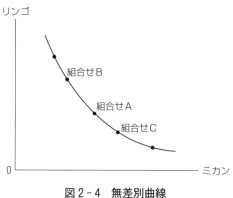

図 2 - 4 無差別曲線

を受けたとしましょう. このときは, 組合せ C よりも右下にあるような点に移
動することになるでしょう.

　このように, 効用の大きさが同じになるような座標をたくさん取り出して,
それらの座標を結んでいくと **図 2 - 4** のような曲線が出てくることになります.

　この曲線は, 効用の大きさが同じになる点を結んで描かれたものですので,
曲線上の点はどの点を選んでも効用の大きさが同じということになります. す
なわち, 曲線上の 2 つの点を選べば, 2 つの点の効用の大きさは同じというこ

とになりますが，このことを言い換えると，2つの点は（選ぶ人にとって）どちらでもよいということになります．この「どちらでもよい」ということから，この曲線は**無差別曲線**とよばれています．たとえば，組合せAと組合せBは効用の大きさが同じですので，（選ぶ人にとって）2つの組合せに差別はありません．すなわち「無差別」になりますので，この名称でよばれているのです．

　ここで，無差別曲線の重要な性質を調べておきましょう．無差別曲線は，組合せA（リンゴ10個，ミカン10個）を規準として描かれましたが，リンゴ20個とミカン20個の組合せ（これを組合せA′としましょう）を規準として分析を始めても，まったく同様の分析をおこなうことができます．そして，分析の結果として**図2-5**を得ることができるでしょう．

　ただし，組合せAと組合せA′にそれぞれ対応する効用の大きさは異なります．なぜなら，リンゴとミカンの数をそれぞれ比べると，組合せA′には，組合せAの2倍の数のリンゴとミカンがそれぞれ入っているからです．明らかに，組合せA′に対応する効用の水準の方が組合せAに対応する効用の水準より高いでしょう．

　このことを**図2-5**を使って考えると，組合せAの点を通っている無差別曲線に対応する効用の水準よりも，組合せA′の点を通っている無差別曲線に対

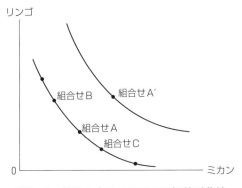

図2-5　効用の大きさの異なる無差別曲線

応する効用の水準の方が大きいということになります．すなわち，無差別曲線は，右上に位置するものほど，より大きな効用水準に対応していることになります．

2.3 最適消費点

　この節では，2.1節で出てきた予算制約線と2.2節で出てきた無差別曲線を使って，「もっているお金の範囲」で「できるだけ納得のいく」買い物をすることを考えていきます．そのために，2.2節で使った例をもう一度使うことにしましょう．

　2.2節では，リンゴとミカンは最初から手元にありましたが，今度は購入することを考えます．手元に1000円のお金をもっており，リンゴは1個100円，ミカンは1個50円とします．そして，2.1節と同様の分析をおこなうと，**図2-6**のような予算制約線が得られます．

　得られた予算制約線を，**図2-5**のように2つの無差別曲線を描いてある図に書き込むことを考えます．そして，**図2-7**のように描かれたとしましょう．

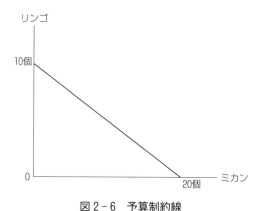

図2-6　予算制約線

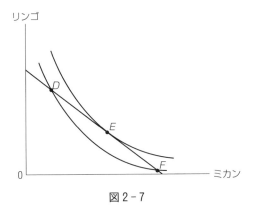

図 2 - 7

　D 点，E 点，F 点は，それぞれ予算制約線上の点ですので購入することが可能な組合せを表しています．それでは，この 3 つの点のうち，どの点を選択すればよいでしょうか．このことを考えるために，それぞれの点の効用の大きさについて考えてみましょう．

　D 点と F 点は同じ無差別曲線上の点ですので効用の大きさは同じです．また，E 点は，D 点と F 点が位置している無差別曲線よりも右上にある無差別曲線上の点です．2.2 節で確認したように，無差別曲線は，右上にあるものほどより大きな効用水準に対応していますので，E 点に対応する効用水準は，D 点や F 点に対応する効用水準よりも大きいということになります．

　したがって，「もっているお金の範囲」で「できるだけ納得のいく」ように買い物をするためには，効用の大きさの一番大きい E 点を選択すればよいということになります．**図 2 - 7** で示されているように，E 点は無差別曲線と予算制約線が接しているところにありますが，このような点を選択すれば（もっているお金の範囲で）効用を最大にすることができるのです．E 点のような点を**最適消費点**とよんでいます．

2.4 所得変化の影響

　この節では，もっているお金が増えたとき，最適消費点がどのように変化するかについて考えていきます．ここでも，リンゴとミカンの例を使いましょう．先ほど，2.1節においては，もっているお金は1000円でしたが，それが2000円に増えたとしましょう．このとき，予算制約線は**図2-8**のように変化します．すなわち，もっているお金が増えたとき，予算制約線は右上に平行移動することになるのです．

　図2-8に無差別曲線を書き込み，最適消費点を描くと**図2-9**のようになります．もとの最適消費点 (E 点) でのリンゴとミカンの数を，新しい最適消費点 (E' 点) でのそれぞれの数と比べてみると，**図2-9**より，あきらかに新しい最適消費点での数の方が多くなっていることがわかります．もっているお金が増えたことで，購入するリンゴとミカンの数も増えたということになるのです．

　このように，もっているお金が変化することで，購入する数量が変化する効果のことを**所得効果**とよんでいます．**図2-9**においては，E 点から E' 点への

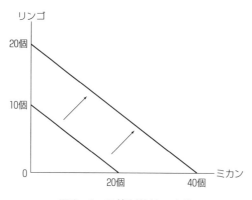

図2-8　予算制約線の変化

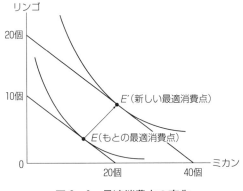

図2-9 最適消費点の変化

移動が所得効果を表しています.

　所得が増加するとき購入（消費）量が増加するもののことを**上級財**とよんでいます．ここで，**財**とは，購入（消費）されるものの総称です．逆に，所得が増加するとき購入（消費）量が減少するもののことを**下級財**とよんでいます．

　所得が増加するとき購入（消費）量が減少するというのは，奇妙な気がするかもしれません．たとえば，（よく出てくる例ですが）バターとマーガリンを考えてみましょう．所得が低いときには安いマーガリンを使っていますが，所得が増加すると高いバターを使うようになります．このとき，マーガリンは所得が増加するときに購入（消費）量が減少することになり，（バターに対する）下級財ということになるのです．

2.5 価格変化の影響

　この節では，購入するものの価格が変化したときに，最適消費点がどのように変化するかを考えていきます．ここまではミカン1個は50円でしたが，何らかの原因で100円に値上がりしたとしましょう．リンゴの値段は変化しない

とします．また，もっているお金は2000円だったとします．このとき，最適消費点はどのように変化するでしょうか．

このことを考えるために，まず予算制約線の変化について考えましょう．この値上がりによって，購入できるミカンの数は半分になりますので，予算制約線は図2-10のように変化することになります．図2-10に示されているように，ミカンの価格が上昇したときに，予算制約線は縦軸の切片を中心として，左回りに回転しています．2.3節で確認しましたが，所得が変化した場合は，予算制約線は平行移動していました．しかし，価格が変化する場合は，価格が変化していないものの軸上の切片を中心に回転しているのです．

図2-10に無差別曲線を書き込んで，最適消費点の変化を考えてみましょう．図2-11に示されているように，E点とE'点を比較すると，ミカンの価格が上昇することによってミカンの購入量は減少し，逆に，リンゴの購入量は増加していることがわかります．

ここでは，価格が変化したのはミカンだけなのに，どうしてリンゴの購入量まで影響を受けているのでしょうか．このような価格変化による購入量の変化について，もう少し詳しく考えていきたいのですが，それは2.7節でおこなう

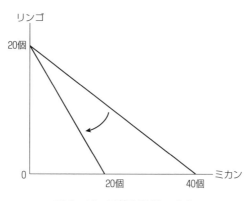

図2-10　予算制約線の変化

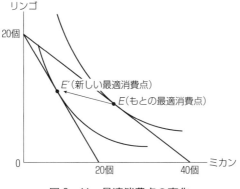

リンゴ

20個

E'(新しい最適消費点)
E(もとの最適消費点)

0
20個　　　　　40個　　ミカン

図2-11　最適消費点の変化

ことにして，ここで**図2-11**をもとにしながら，最適消費点と需要曲線の関連について考えてみましょう．

2.6　最適消費点と需要曲線

図2-11では，ミカンの価格が上昇したときの予算制約線の変化と，それに伴う最適消費点の変化が表されていました．もとの最適消費点（E点）では，ミカン1個が50円で，それに対してある購入量がありました．このミカンの購入量を Q_E としましょう．そして，ミカン1個が100円に値上がりして，最適消費点が E' 点に移動した結果，ミカンの購入量は減少しました．新しい最適消費点でのミカンの購入量を $Q_{E'}$ としましょう．**図2-11**から明らかなように，$Q_{E'} < Q_E$ です．

　ここで，ミカンの価格と購入量はどのような関係をもっているでしょうか．**図2-11**では，E点と E' 点の2つの点しかありませんでしたが，たとえば，ミカンの価格が50円から75円に上昇し，それから100円に上昇したような状況を想定すると，E点と E' 点の間にもう1つの最適消費点ができ，それに対応

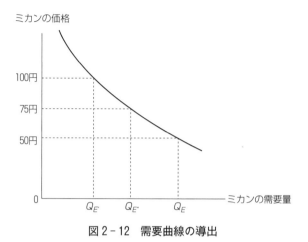

図 2 - 12　需要曲線の導出

するミカンの購入量（$Q_{E''}$ としましょう）が決まります.

　このような，価格と購入量の関係を図で表すと，**図 2 - 12** のようになります．なお，図では，購入量を需要量としています．**図 2 - 12** は価格と需要量の関係を表していますが，これが**需要曲線**です．このように，価格変化と最適消費点の変化を考えることで，需要曲線を導くことができるのです．

　図 2 - 12 に描かれている需要曲線は，ある消費者の需要曲線ですが，この消費者以外にもミカンを購入しようとしている消費者は存在しているはずです．そこで，次に，社会全体の需要曲線について考えてみましょう．

　話を簡単にするために，社会全体にはAさんとBさんの2人の消費者しかいないとしましょう．そして，AさんとBさんのミカンに対する需要曲線が，それぞれ**図 2 - 13** のように表されるとしましょう．図に示されているように，ミカンの価格が100円のとき，Aさんはミカンを20個購入し，Bさんは30個購入します．また，150円のときは，Aさんは10個，Bさんは20個，それぞれ購入します．したがって，価格が100円のときの社会全体の需要量は20 + 30 = 50 個，150円のときは 10 + 20 = 30 個ということになります．

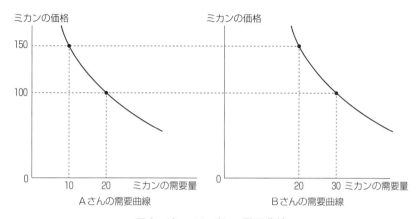

図2-13　それぞれの需要曲線

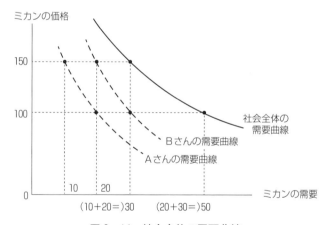

図2-14　社会全体の需要曲線

　このことから，社会全体のミカンの需要曲線は**図2-14**のように表されることになります．このように，AさんとBさんの2人の需要曲線を横軸の方向に足し合わせることで，社会全体の需要曲線を描くことがができるのです．なお，ここでは，話を簡単にするために，社会全体に2人の消費者しか存在しない状況を想定して分析を進めましたが，3人以上の消費者が存在する場合も**図2-**

14 と同様の方法によって社会全体の需要曲線を描くことができます.

2.7 所得効果と代替効果

2.6 節では，ミカンの価格が上昇したときに，リンゴとミカンの購入量がそれぞれどのように変化するかについて，図 2 - 11 を使って考えました．そして，ミカンの購入量が減少し，リンゴの購入量が増加することを確認しました．

なぜミカンの価格が上昇するとリンゴの購入量が増加するのでしょう．このことを少し考えてみましょう．ミカンの値段が高くなると，消費者は高くなる以前ほどはミカンを買わなくなるでしょう．そして，ミカンを買わなくなった分のお金を（相対的に安くなった）リンゴへ振り向け，ミカンが高くなる以前よりたくさんのリンゴを買うようになるでしょう．

すなわち，あるものの価格が上昇したときには，次のような効果が働いていると考えられます．値段の高くなったものは買い控えられ，その代わりに，値段は変わらないが，相対的に安くなったものはたくさん買われるようになるのです．このような，価格上昇が購入量に及ぼす効果のことを**代替効果**とよんでいます．

あるものの価格が上昇するときには，代替効果以外にもう 1 つの効果が働いています．ここでは，ミカンの価格が上昇した場合を考察していますが，価格が上昇すると（当たり前ですが）購入できる個数が減少します．もっているお金は変わりませんが，購入できる個数は少なくなるのです．現在もっているお金は 2000 円ですが，価格が上昇する以前は，ミカンは 1 個 50 円でしたので，ミカンだけを購入すれば 40 個購入できました．しかし，1 個 100 円に値上がりしたので，ミカンだけを購入しても 20 個しか購入できなくなります．

ここで，もっているお金の価値をミカンの個数で考えてみましょう．値上がりする以前は，2000 円の現金はミカン 40 個分の価値をもっていたことになり

ますが，値上がりした後は 20 個分の価値しかもっていないことになります．千円札を 2 枚もっている状況は変わらないのですが，その価値は半分に減少してしまったわけです．これは，**実質所得**が減少したという状況です．

　実質所得が減少するということは，購入できる個数が減少するということですので，事実上，もっているお金が減少したことと同じことになります．したがって，ミカンの価格が上昇することは，所得が減少することと同じ効果をもつことになるのです．すなわち，代替効果以外に所得効果も存在しているのです．ミカンの価格が上昇するとミカンの購入量とリンゴの購入量がそれぞれ変化しますが，この変化は，代替効果と所得効果によって起こっているのです．

　それでは，代替効果と所得効果を図を使って表すことを考えてみましょう．まず，代替効果について考えていきます．代替効果とは，購入量で考えると，価格の高くなったものを買い控えて，価格が変化していないものを以前より多く購入するという効果のことでした．このことを予算制約線を使って考えると，リンゴの価格が変化しないでミカンの価格が上昇することで，予算制約線の傾きが変化することになります．この変化は，**図 2 - 10** に表されているような予算制約線の変化です．

　予算制約線の傾きが変化すると，無差別曲線と接する点が移動することになりますが，この移動について**図 2 - 15** を使って考えてみましょう．もとの最適消費点は E 点ですが，ミカンの値段が 50 円から 100 円に変化したことで，予算制約線の傾きが変化して，もっと急な傾きをもつようになります．すると，E 点での傾きよりも，もっと急な傾きをもつところでなければ接することができないので，たとえば，E'' 点のようなところで接することになるのです．

　E 点と E'' 点を比べると，横軸にはかったミカンの購入量が減少していることがわかります．すなわち，価格が高くなったミカンを買い控えているのです．このような，価格変化による無差別曲線上の移動（E 点から E'' 点への移動）によって代替効果は表されているのです．

　ミカンの価格が上昇したことによるもう1つの効果についても考えてみましょう．ミカンの価格が上昇したことで実質所得が減少しています．すなわち，マイナスの所得効果が働いているのですが，この効果は**図2-15**のどの部分で表されているのでしょうか．

　E'' 点を通る補助線は，ミカンの価格が上昇した後の新しい予算制約線に平行に描かれています．ミカンの価格変化によって，予算制約線の傾きは E'' 点を通る補助線の傾きと同じになっているのですが，マイナスの所得効果の分だけは，左下方に平行移動します．**図2-8**では右上に平行移動しましたが，ここでは実質所得が減少しているので左下に平行移動しています．この移動が E'' 点から E' 点への移動であり，所得効果を表しているのです．

　以上のことをまとめると次のようになります．ミカンの価格が上昇することで予算制約線が変化し，最適消費点が E 点から E' 点へ移動します．この移動を代替効果と所得効果を使って考えると，まずミカンの価格が上昇することによってリンゴの価格が相対的に安くなることから代替効果が働き，E 点から E'' 点に移動します．次に，ミカンの価格が上昇することによって実質所得が減少し，マイナスの所得効果が働くことによって E'' から E' 点へ移動しているのです．

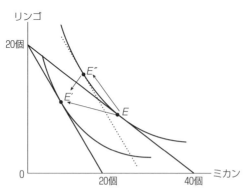

図2-15　代替効果と所得効果

補論A 若干の数学的手法による消費行動分析

　第2章では，無差別曲線と予算制約線を使いながら，図を使って消費行動の分析をおこないました．そして，最適消費点を図示し，所得効果や代替効果についても分析をおこないました．しかし，最適消費点における需要量を具体的に求めることはおこないませんでした．そこで，この補論Aでは，第2章の図を中心とした分析にもとづいて最適消費点を具体的に求めることを考えていくことにします．

　そのために，まずA.1節で消費量が増加するとき効用がどのくらい変化するのかについて具体例を使って考えます．これは**限界効用**とよばれるもので，この補論Aでの分析で重要な役割を演じるものです．限界効用の考え方を確認したあとは，効用の大きさを表す効用関数を使って，A.2節で限界効用を実際に計算してみます．最適消費点を具体的に求めるためには，限界効用の大きさを求めることが必要になるからです．

　第2章で確認したように，最適消費点では無差別曲線と予算制約線が接しています．すなわち，無差別曲線の接線の傾きと予算制約線の傾きが一致しているのですが，無差別曲線の接線の傾きは何を表しているのでしょうか．このことがわかれば，最適消費点で成立している条件を求めることができます．そこ

で，A.3節では**限界代替率**という考え方を使って，無差別曲線の傾きについて
考えます．

　A.1節からA.3節において考えたことを使って，A.4節では最適消費点で
成立する条件について考えます．そして，第2章における図を中心とした分析
にもとづいて，価格で加重された**限界効用均等の法則**を導き出します．また，
この法則を使った具体例も解いてみます．

A.1　限 界 効 用

　第2章では，リンゴとミカンの例を使って消費行動の分析をおこないました
が，ここでも同じ例を使いましょう．ミカンをいくつでももらえるとします．
ミカンの数は1個ずつ増えていくとしますが，1個増えるたびに，効用の大き
さを数字で表していくことにします．そして，何個かのミカンを手に入れた後，
次のような表ができあがったとしましょう．

表 A - 1　効用の大きさ

ミカンの個数	0個	1個	2個	3個	4個	5個
効用の大きさ	0	10	16	20	23	25

　この表をもとにして，効用の大きさがどのように変化しているかについて考
えてみましょう．ミカンの個数が0個から1個に増えると，効用の大きさは0
から10に増加しています．このとき，効用の変化の大きさは(10 − 0 =)10で
す．ミカンの個数が1個から2個に増えるときは，効用の変化の大きさは(16
− 10 =)6です．同様に考えて，2個から3個に増えるときの効用の変化の大
きさは4，3個から4個に増えるときは3，4個から5個に増えるときは2と
いうことになります．

　このように，ミカンの個数が増えるとき効用もある大きさ変化しますが，こ

の（ミカン1個の変化に対する）効用の変化の大きさのことを**限界効用**といいます．ミカンの個数の変化に対する限界効用を一覧表で表すと**表A-2**のようになります．

表A-2　限界効用の大きさ

ミカンの個数の変化	0個→1個	1個→2個	2個→3個	3個→4個	4個→5個
限界効用の大きさ	10	6	4	3	2

表A-2からわかるように，ミカンの個数が多くなるほど限界効用は小さくなっています．これは，ミカンの個数が少ないときには1個が貴重なものとなりますが，ミカンの個数が多くなってくると1個があまり貴重なものではなくなってくることを示しています．このように，限界効用は，手に入れるミカンの個数が多くなるほどだんだんと小さくなっていきますが，このことを**限界効用逓減の法則**といいます．

　限界効用は，この補論Aでの分析において重要な役割を演じることになりますので，ミカンではなく，もう少し一般的なものについて，再度，考えておきましょう．

　ミカンのように消費するもののことを（第2章でも出てきましたが）財といいます．**表A-1**のミカンの例のように，財を消費することによって効用を得ることができますが，限界効用とは，財の消費量が1単位増加するときに効用がどれだけ増加するかを表したものです．

A.2　効用関数と限界効用

　限界効用について基本的なことを確認することができましたので，ここで**効用関数**を紹介して，効用関数を使いながら限界効用についてもう少し詳しく考えてみることにします．

　表 A-1 でも表されていましたが，ミカンを何個か手に入れると，それに対応するある大きさの効用があります．すなわち，ミカンを何個か消費することによって，ある大きさの効用が得られるわけですが，このような，ミカンの消費個数と効用の大きさの関係を表したものが効用関数とよばれるものです．

　ある人がミカンを消費することから得られる効用の大きさを記号 U で表すことにして，次のように表されるとしましょう．

$$U = U(x) \quad (x : \text{ミカン}) \tag{A.1}$$

(A.1) は次のようなことを表しています．左辺の U は得られる効用の大きさを表しており，右辺の $U(x)$ は，効用の大きさが x（ミカン）によって決まるということを表しています．

　(A.1) は（特定の式ではなく）一般的な形で表されていますが，通常，消費する財（ここではミカン）の量が増加すれば効用も増加します．（表 A-1 に示されていたことです．）ただし，その増加する程度（限界効用）は次第に小さくなっていきます．（表 A-2 に示されていたことです．）

　それでは，(A.1) を特定の式で表すことで，これらのことをもう一度確認してみましょう．ある消費者の効用関数が次のように表されるとします．

$$U = 4x^{\frac{1}{2}} \tag{A.2}$$

(A.2) は (A.1) を特定の式を使って具体的に表したものです．x の値を 0，1，2，3，…と増加させていくと，効用の大きさを表した U の値が 0，4，$4\sqrt{2}$，$4\sqrt{3}$，…と増加していくことが (A.2) からわかります．

　次に，この効用関数を使って限界効用がどのように表されるかについて考えてみましょう．さきほど確認しましたように，限界効用とは，ミカンの個数が 1 個変化するときの効用の変化の大きさのことでした．このことを記号で表す

と，x が 1 単位変化するとき，U が何単位変化するかということになります．

　U を y に置き換えてみましょう．すると，「x が 1 単位変化するとき，y が何単位変化するか」ということになりますが，これは，高校のときに数学の授業で学習した微分の考え方です．すなわち，限界効用とは微分の考え方を効用関数に当てはめたものなのです．したがって，限界効用を求めたいときには，効用関数を微分すればよいということになります．

　それでは，(A.2)を使って，実際に限界効用を求めてみましょう．(A.2)を x で微分すると次のようになります．

$$(x の) 限界効用 = \frac{dU}{dx} = 4 \times \frac{1}{2} x^{\frac{1}{2}-1} = 2x^{-\frac{1}{2}} = \frac{2}{x^{\frac{1}{2}}} = \frac{2}{\sqrt{x}} = \frac{2\sqrt{x}}{x}$$

$$(A.3)$$

限界効用を表した式が求められましたので，x の値を $0, 1, 2, 3, \cdots$ と増加させてみましょう．$x = 1$ のときの限界効用は，

$$\frac{2\sqrt{x}}{x} = \frac{2\sqrt{1}}{1} = \frac{2}{1} = 2$$

となり，$x = 2$ のときの限界効用は，

$$\frac{2\sqrt{x}}{x} = \frac{2\sqrt{2}}{2} = \sqrt{2}$$

となります．さらに，$x = 3$ のときの限界効用は，

$$\frac{2\sqrt{x}}{x} = \frac{2\sqrt{3}}{3}$$

となります．x の消費量が増加するにつれて，限界効用は減少していることがわかりますが，これは，A.1 節で確認した限界効用逓減の法則が作用している

ためです.

A.3 限界代替率

　図2-4では，無差別曲線を導出しましたが，ここでもう一度，図2-4を使いながら，無差別曲線上での移動について考えてみましょう.

　たとえば，組合せAから組合せCへ移動するとき，リンゴを3個手放して，その代わり，ミカンを5個を手に入れました．そして，組合せAと組合せCの効用の大きさは変化しませんでした．このように，一方のもの（ここでは，リンゴ）を手放し，もう一方のもの（ここでは，ミカン）を手に入れることで，効用の大きさを変化させないように無差別曲線上を移動するとき，手に入れたものの個数と手放したものの個数の比 $\left(\dfrac{\text{手放したものの個数}}{\text{手に入れたものの個数}}\right)$ のことを**限界代替率**とよんでいます.

　それでは**図2-4**をもう一度使って，この限界代替率を図を使って表してみましょう．組合せA（*A*点）から組合せC（*C*点）への移動について，まず考えてみましょう．この移動は無差別曲線上の移動ですので，効用の大きさは変化しません．しかし，この移動によってリンゴは3個減少し（**図A-1**の*AA'*の部

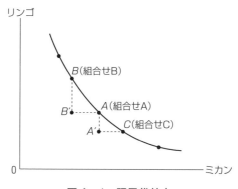

図A-1　限界代替率

分），ミカンは 5 個増加しています（**図A-1**の $A'C$ の部分）．したがって，この移動における限界代替率は $\dfrac{\text{手放したものの個数}}{\text{手に入れたものの個数}} = \dfrac{AA'}{A'C}$ という比率で表されます．

　同様に，組合せB（B 点）から組合せA（A 点）への移動についても考えてみましょう．この移動によっても効用の大きさは変化しません．しかし，リンゴは 2 個減少し（**図A-1**の BB' の部分），ミカンは 3 個増加しています（**図A-1**の $B'A$ の部分）．したがって，この移動における限界代替率は $\dfrac{BB'}{B'A}$ という比率で表されます．

　それぞれの限界代替率についてもう少し考えてみましょう．A 点から C 点への移動については，3 つの点 A，A'，C から三角形 $AA'C$ を作ることができますが，この三角形を使って，限界代替率についてもう一度考えてみることにします．

　A 点から C 点への移動については，限界代替率は $\dfrac{AA'}{A'C}$ という比率で表されていましたが，三角形 $AA'C$ を使って限界代替率を考えると，この比率は $\dfrac{\text{三角形 } AA'C \text{ の高さ}}{\text{三角形 } AA'C \text{ の底辺}}$ という比率を表していることになります．

$\dfrac{\text{三角形 } AA'C \text{ の高さ}}{\text{三角形 } AA'C \text{ の底辺}}$ は，三角形 $AA'C$ の斜辺 AC の傾きの大きさを表していますので，A 点から C 点へ移動するときの限界代替率は，三角形 $AA'C$ の斜辺 AC がつくる角度の大きさで表されることになります．

　同様のことを，B 点から A 点への移動についても考えてみましょう．B 点から A 点への移動についても，限界代替率は $\dfrac{BB'}{B'A}$ という比率で表されますが，三角形 ABB' を使って限界代替率を考えると，この比率は $\dfrac{\text{三角形 } ABB' \text{ の高さ}}{\text{三角形 } ABB' \text{ の底辺}}$ という比率を表していることになります．$\dfrac{\text{三角形 } ABB' \text{ の高さ}}{\text{三角形 } ABB' \text{ の底辺}}$ は，三角形

ABB' の斜辺 BA の傾きの大きさを表していますので，B 点から A 点へ移動するときの限界代替率は，三角形 ABB' の斜辺 BA がつくる角度の大きさで表されることになります．

　このように，無差別曲線上の2つの点を取り上げて，一方の点からもう一方の点へ移動することを考えるとき，限界代替率は，2つの点を結んだ直線を斜辺とする三角形の，斜辺の傾きの大きさで表されることになるのです．

　以上のことを使って，無差別曲線上のさまざまな移動に対して限界代替率を考えることができますが，次のような状況を考えた場合，限界代替率はどのように考えられるでしょうか．たとえば，無差別曲線上のある点では，ミカンの数は数百個あり，リンゴの数も数百個あるという非常に多くのリンゴとミカンがある場合，リンゴが1個減少したとき効用を変化させないためには，ミカンを2個増加させればよいとしましょう．この場合も**図A−1**に描かれたような三角形を考えることはできますが，その三角形は非常に小さなものとなり，少なくとも肉眼では一点にしか見えないかもしれません．

　このような状況になってしまうと三角形を描くことができないため，三角形の斜辺の傾きの大きさを考えることができません．このとき，限界代替率をどのように考えればよいのでしょうか．

　そこで，肉眼では一点にしか見えなくなった点を拡大して見てみましょう．ここでは，一点にしか見えなくなった点を A 点とし，**図A−2**はA点の周辺の拡大図を表しているとします．

　肉眼では一点にしか見えなかった A 点も，拡大してみると**図A−2**のように，A 点と B 点の2つの点に分かれているとしましょう．このとき，限界代替率は $\dfrac{BC}{AC}$ と表され，三角形 ABC の斜辺 AB の傾きの大きさとして表されます．

　ここでは，A 点にはミカンが数百個とリンゴが数百個ある状況を想定していますが，ミカンとリンゴの数がさらに増加して，それぞれが数千個になったとしましょう．このとき，リンゴを1個減らしてミカンを2個増やすことを図

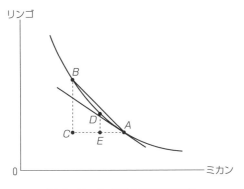

図A-2　A点での限界代替率

A-2で考えると，B点はD点のような点に移動し，三角形はABCからADEのように小さくなるでしょう.

　リンゴとミカンの数がどんどん増えていき，三角形（三角形ABCや三角形ADE）がどんどん小さくなっていくときのことを考えてみましょう. このとき，限界代替率は，斜辺ABの傾きの大きさ，斜辺ADの傾きの大きさ，と変化していきますが，三角形が小さくなるにつれて，三角形の斜辺はA点の接線に近づいていることが図A-2から確認できます. さらに三角形がどんどん小さくなっていくと，その斜辺はA点の接線にほぼ重なってくるでしょう.

　すなわち，三角形がどんどん小さくなり，やがて一点にしか見えなくなったときには，限界代替率は，その点を通る接線の傾きで表されることになるのです. このことを使って，次の節では，最適消費点で成立している条件について考えていくことにします.

A.4　最適消費点で成立する条件

　第2章の図2-7のE点は最適消費点でしたが，このような点ではどのような条件が成立しているのでしょうか. もし，最適消費点で成立している条件を

求めることができれば，その条件を使うことで，計算によって最適消費点を求めることができるでしょう．

　このことを考えるために，もう一度，予算制約線について振り返りましょう．リンゴとミカンの購入に関する予算制約線は第2章の**図2-6**で登場しましたが，そこでは，1000円の所持金を使って，1個100円のリンゴと1個50円のミカンをお釣りをもらわないように購入することを考えていました．そして，購入可能な組合せを考えることによって予算制約線を描きました．

　ここでは，若干の数式を使って，予算制約線についてもう一度考えてみましょう．購入するミカンの個数を x で表し，リンゴの個数を y で表すことにします．すると，ミカンの購入代金は $50x$ 円，リンゴの購入代金は $100y$ 円と表されますので，所持金の1000円との関係は次式のようになります．

$$1000 = 50x + 100y \tag{A.4}$$

(A.4)を y について整理します．

$$y = -\frac{1}{2}x + 10 \tag{A.5}$$

実は，(A.5)が第2章の**図2-6**の予算制約線を表した式になっているのですが，右辺第1項の x の係数に注目してみましょう．(A.4)から(A.5)へ変形するとき，x の係数は（マイナスを省略すると）$\dfrac{\text{ミカンの価格}}{\text{リンゴの価格}} = \dfrac{50}{100} = \dfrac{1}{2}$ となります．すなわち，x の係数はリンゴとミカンの**価格比**を表しているのですが，この価格比は，**図A-3**では予算制約線の傾きの大きさとして表されています．

　図2-7，**図A-3**，および，**図A-2**で限界代替率について確認したこと（限界代替率は接線の傾きで表される）を使って，最適消費点で成立する条件について考えてみましょう．そのために，**図2-7**と**図A-3**を合わせます．

　図A-4から最適消費点の E 点で成立している条件について考えてみます．

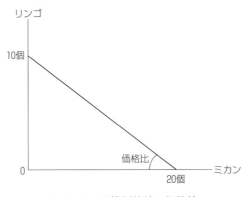

図A-3　予算制約線と価格比

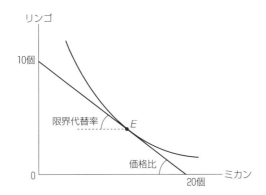

図A-4　最適消費点での価格比と限界代替率の関係

E 点では，無差別曲線と予算制約線が接していていますので，予算制約線は，E 点での無差別曲線の接線を表していると見ることができます．図A-2で確認したように，無差別曲線の接線の傾きは限界代替率を表しています．すなわち，E 点での予算制約線の傾きは限界代替率を表しているのです．

　一方，図A-3で確認したように，予算制約線の傾きは価格比を表しています．図A-4から確認することができますが，以上のことから，最適消費点においては，限界代替率と価格比が等しくなっているのです．これが，最適消費

点で成立している条件です.

　ここで,限界代替率が意味していることについてもう一度考えてみるために,図A-5を使います. *A*点から*C*点への移動においては,効用の大きさが変化しない一方で,リンゴは*AA′*だけ減少し,ミカンは*A′C*だけ増加しました.これは,効用の大きさを変化させないために,リンゴの減少によって効用が減少した分を,ミカンの増加による効用の増加によって相殺しているためです.

　このことを,限界効用を使って考えてみましょう. まず,リンゴが*AA′*だけ減少したときの効用の減少分はどうなるでしょうか. これは,リンゴの限界効用にリンゴの減少分をかけることで求めることができます. なぜなら,限界効用は,財が1単位変化したときの効用の変化の大きさを表していたからです. すなわち,限界効用に減少分をかけることで,リンゴの減少した分に対応する効用の減少分を求めることができるのです. 同様に考えることで,ミカンの増加による効用の増加分も求めることができます. ミカンの限界効用にミカンの増加分をかければよいのです.

　以上のことから,*A*点から*C*点への移動においては以下の関係が成立していることになります.

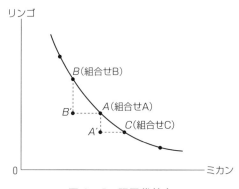

図A-5　限界代替率

リンゴの限界効用×リンゴの減少分

$$=ミカンの限界効用×ミカンの増加分$$

この式を少し変形すれば次のようになります.

$$\frac{リンゴの減少分}{ミカンの増加分} = \frac{ミカンの限界効用}{リンゴの限界効用} \qquad (\text{A}.6)$$

　(A.6)の左辺は何を表しているでしょうか. **図A−1**に立ち返ってみれば明らかですが, これは限界代替率を表しています. すなわち, (A.6)は次式のようにも書くことができるのです.

$$限界代替率 = \frac{ミカンの限界効用}{リンゴの限界効用} \qquad (\text{A}.7)$$

さらに, **図A−4**に立ち返ってみましょう. **図A−4**より, 最適消費点では, 限界代替率は価格比 $\left(= \frac{ミカンの価格}{リンゴの価格}\right)$ に等しくなっていました. このことを(A.7)に代入して整理すると, 最終的に次式のようになります.

$$\frac{リンゴの限界効用}{リンゴの価格} = \frac{ミカンの限界効用}{ミカンの価格} \qquad (\text{A}.8)$$

すなわち, それぞれの限界効用をそれぞれの価格で割ったものが等しくなっているのです. 最適消費点では, いつも(A.8)のような条件が成立しているのですが, この条件は価格で加重された**限界効用均等の法則**とよばれています. ここで, 価格で「加重する」とは, 価格で「割る」という意味です.

具体例 A-1

　それでは, (A.8)で示された限界効用均等の法則を使いながら, 具体的な例によって実際に最適消費点を求めてみましょう.

　所得のすべてを x 財と y 財に支出する, ある消費者がいるとします. この消

費者の効用関数が次のように表されるとしましょう.

$$U = xy \tag{A.9}$$

この効用関数には，（A.2）と違って x 財と y 財という 2 種類の財が入っています.

　また，この消費者の所得は 100 であり，x 財の価格は 2，y 財の価格は 10 であるとすると，第 2 章の 2.1 節，および，この節の(A.4)，(A.5)で確認した予算制約を表した式が次のようになります.

$$100 = 2x + 10y$$

この式を y について整理します.

$$y = -\frac{1}{5}x + 10 \tag{A.10}$$

　ここで，価格で加重された限界効用均等の法則を，もう一度確認しておきましょう．（A.8)ではリンゴとミカンを使って法則が示されていましたが，リンゴを x，ミカンを y とそれぞれ置き換えると，(A.8)は次のように表されます.

$$\frac{x\,\text{の限界効用}}{x\,\text{の価格}} = \frac{y\,\text{の限界効用}}{y\,\text{の価格}} \tag{A.11}$$

(A.11)は，一般的に表された価格で加重された限界効用均等の法則です.

　それでは，この法則を使って効用を最大にする x と y の購入量をそれぞれ求めてみましょう．（A.11)の両辺の分子には，それぞれ限界効用がありますので，まず x 財と y 財の限界効用をそれぞれ求めておきます．（A.9)には x と y の 2 つの変数がありますが，(A.3)で計算したように，x と y についてそれぞれ微分すれば，それぞれの限界効用を求めることができます.

　ただし，記述上の問題ですが，(A.9)のように変数が 2 つある関数をそれぞれの変数について微分することを**偏微分**といい，記号も d ではなく，「∂（ラウンドデルタと読みます）」を使います．次の(A.12)，(A.13)で示される計算では，この記号が使われています．

$$x \text{の限界効用} = \frac{\partial U}{\partial x} = 1 \times x^{1-1} \times y = x^0 \times y = 1 \times y = y \quad (\text{A}.12)$$

$$y \text{の限界効用} = \frac{\partial U}{\partial y} = x \times 1 \times y^{1-1} = x \times y^0 = x \times 1 = x \quad (\text{A}.13)$$

限界効用を表した式がそれぞれ求められましたので，x の価格は 2，y の価格は 10 であることと一緒に(A.11)に代入します．

$$\frac{y}{2} = \frac{x}{10} \qquad\qquad\qquad (\text{A}.14)$$

(A.14)は最適消費点で常に成り立っている関係式です．また，予算制約を表した(A.10)も常に成り立っている関係式です．すなわち，最適消費点では，(A.10)と(A.14)の両方が成り立っていますので，(A.10)と(A.14)を連立方程式として解くことで x と y を求めることができるのです．

　連立方程式を解くことで $x = 25$，$y = 5$ であることがわかります．よって，この消費者は x を 25 個，y を 5 個消費することで効用を最大にすることができるのです．

| 補論B | **需要の弾力性について** |

B.1　需要の価格弾力性

　リンゴやミカンへの需要は，価格で加重された限界効用均等の法則が成立している最適消費点で決定され，それぞれの購入数量が決定されます．そして，リンゴとミカンの価格，および，もっているお金（予算）が変化しない限り，リンゴとミカンへの需要は変化しないでしょう．

　しかしながら，リンゴやミカンの価格はいつまでも変化しないでしょうか．むしろ，変化することの方が一般的でしょう．第2章の2.6節で考えたように，価格が変化することで予算制約線が変化し，その結果，最適消費点が別の位置に移動するでしょう．そして，需要量が変化することになりますが，この節では，この変化について「変化率」という考え方を使って考えていきます．

　変化率とは，たとえば価格と需要量の関係のように，XとYの間にある関係が存在するとき，Xが1パーセント変化したときYが何パーセント変化するかを表したものです．Xをリンゴの価格，Yをリンゴへの需要とすると，リンゴの価格が1パーセント変化したとき，リンゴへの需要が何パーセント変化する

かを表したものとなります.

　このように，リンゴの価格の変化率に対して，リンゴへの需要の変化率を考えたもののことを**需要の価格弾力性**とよんでいます．これは分数を使って以下のように表されます.

$$(リンゴへの)需要の価格弾力性 = -\frac{リンゴへの需要の変化率}{リンゴの価格の変化率}$$

(B.1)

一般的に，価格が上昇すると需要は減少します．したがって，リンゴの価格が上昇すると価格の変化率はプラスの値になりますが，リンゴへの需要は減少しますので，需要の変化率はマイナスの値になります．需要の価格弾力性は，変化の方向（プラスあるいはマイナス）ではなく変化の「大きさ」を表すものとして定義されていますので，マイナスの値は当てはまりません．そこで，マイナスの値が出ないようにするために，(B.1)では右辺にマイナスを付けているのです.

　(B.1)の分子・分母にあるリンゴへの需要の変化率，リンゴの価格の変化率を分数を使ってもう少し詳しく表すと以下のようになります.

$$リンゴへの需要の変化率 = \frac{需要の変化分}{もとの需要}$$

(B.2)

$$リンゴの価格の変化率 = \frac{価格の変化分}{もとの価格}$$

(B.3)

(B.2)における「需要の変化分」とは「新しい需要量－もとの需要量」のことであり，(B.3)における「価格の変化分」とは「新しい価格－もとの価格」のことです.

　(B.2)，(B.3)を(B.1)へ代入して整理すると，次のようになります.

$$
(\text{リンゴへの})\text{需要の価格弾力性} = -\frac{\text{需要の変化分}}{\text{価格の変化分}} \times \frac{\text{もとの価格}}{\text{もとの需要}}
$$

$$
\text{(B.4)}
$$

以後の分析では，需要の価格弾力性を考えるときは(B.4)を使って考えていきます．

　それでは，(B.4)と需要曲線を使って，需要の価格弾力性を図を使って表すことを考えてみましょう．

　図 B-1にはある財の需要曲線が描かれており，この財のもとの価格はP_Eで，もとの需要量はD_Eであったとします．そして，何らかの原因でこの財の価格が上昇し，新しい価格が$P_{E'}$となり，それに対応して新しい需要量が$D_{E'}$になったとします．このとき，(B.4)にもとづいて需要の価格弾力性を考えると，**図 B-1**では，どの部分で表されるでしょうか．

　(B.4)の右辺にある「需要の変化分」，「価格の変化分」，「もとの価格」，「もとの需要」がそれぞれ**図 B-1**のどの部分で表されるかをまず確認してみましょう．「もとの価格」はP_Eですので，図ではOP_Eの長さで表されます．同

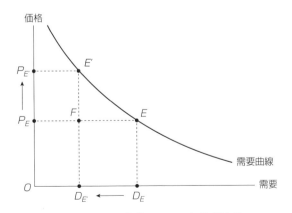

図 B-1　需要曲線と需要の価格弾力性

様に,「もとの需要」は D_E ですので OD_E の長さで表されます.

　次に,「需要の変化分」とは「新しい需要量－もとの需要量」でしたので,新しい需要量 $D_{E'}$ からもとの需要量 D_E を引いた値になります. すなわち, **図B‒1** では $D_{E'}D_E$ の部分がそれに当たるのですが, $D_{E'}$ より D_E の方が大きな値なので, 需要の変化分＝ $-D_{E'}D_E$ となります (マイナスが付いていることに注意しましょう).

　最後に,「価格の変化分」についてですが, これは「新しい価格－もとの価格」で表されますので, 新しい価格 $P_{E'}$ からもとの価格 P_E を引いた値になります. すなわち, **図B‒1** では $P_{E'}P_E$ の部分になります (ここでは, 正の値になるのでマイナスは付きません).

　以上のことを(B.4)に当てはめてみると, 以下のようになります.

$$需要の価格弾力性 = \frac{D_{E'}D_E}{P_{E'}P_E} \times \frac{OP_E}{OD_E} \tag{B.5}$$

したがって, 需要の価格弾力性は, **図B‒1** では(B.5)によって表されることになるのです. なお, (B.5)では, マイナスどうしが打ち消し合って消去されていることに注意しましょう.

　図B‒1 のように, 価格変化による需要変化が需要曲線上の E 点から E' 点への移動で表される場合は, もとの価格, もとの需要, 価格の変化分, 需要の変化分をそれぞれ考えることで, 需要の価格弾力性を考えることができます. しかし, 価格の変化がほんのわずかで, E 点と E' 点がほとんど重なってしまい, **図B‒2** のように一点にしか見えない場合はどのように考えればよいでしょうか.

　(B.5)をもう一度よく見てみましょう. (B.5)の右辺にある2つの分数の最初の部分 $\frac{D_{E'}D_E}{P_{E'}P_E}$ は, **図B‒1** を使って確認してみると, $\frac{EF}{E'F}$ に対応してい

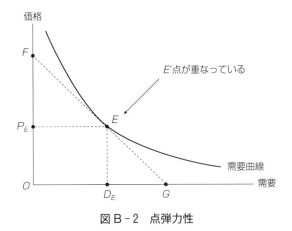

図B-2　点弾力性

ます．そして，$\dfrac{EF}{E'F}$ は，三角形 $EE'F$ の（E を頂点とした場合の）$\dfrac{高さ}{底辺}$ を表しています．すなわち，斜辺 EE' の傾きの大きさを表しているのです．

　補論Aの**図A-2**で確認しましたように，２つの点 E, E' が重なってしまう（ほど近づいてしまう）と，三角形 $EE'F$ の斜辺 EE' の傾きの大きさは，**図B-2** に描かれているように E 点の接線 FG の傾きの大きさ（$\angle D_E EG$）で表されることになります．したがって，(B.5)の右辺にある２つの分数の最初の部分は，E 点の接線の傾きの大きさで表されることになるのです．

$$-\frac{需要の変化分}{価格の変化分} = \frac{D_E G}{D_E E} \tag{B.6}$$

また，もとの価格は OP_E，もとの需要は OD_E ということになりますので，(B.5)に(B.6)とともに代入すると，次のようになります．

$$需要の価格弾力性 = \frac{D_E G}{D_E E} \times \frac{OP_E}{OD_E} \tag{B.7}$$

ここで，$OP_E = D_E E$ であることに注意すると，(B.7)はさらに次のように変

形できます.

$$
\begin{aligned}
\text{需要の価格弾力性} &= \frac{D_E\,G}{D_E\,E} \times \frac{OP_E}{OD_E} \\
&= \frac{D_E\,G}{D_E\,E} \times \frac{D_E\,E}{OD_E} \\
&= \frac{D_E\,G}{OD_E}
\end{aligned}
\tag{B.8}
$$

(B.8)より, **図 B-2** のように2つの点が重なってしまった場合の需要の価格
弾力性について重要なことが確認できます. このような場合には, E 点に引い
た接線の横軸上の切片 G と原点 O の長さにもとづいて, 需要の大きさ OD_E と
その大きさを OG から引いた残りの部分 $D_E G$ の比によって需要の価格弾力性
は表されているのです.

　このことを使って, 需要曲線の傾きと点弾力性の関係を考えることができま
す. **図 B-3** には, 傾きの緩やかな需要曲線 (左側) と傾きの急な需要曲線 (右
側) がそれぞれ描かれています.

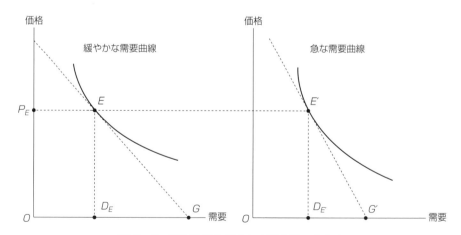

図 B-3　需要曲線の傾きと点弾力性の大きさ

この 2 つの図に，(B.8)によって表されている需要の価格弾力性の式を当ては
めてみましょう．まず，左側の図では，需要の価格弾力性は $\dfrac{D_E G}{OD_E}$ で表され
ます．一方，右側の図では $\dfrac{D_E' G'}{OD_E'}$ で表されます．どちらの方が，より大きな
値をとるでしょうか．明らかに，左側の傾きの緩やかな需要曲線の方が大きな
値をとると考えられます．したがって，需要の価格弾力性は，傾きの緩やかな
需要曲線の方が大きいということになるのです．これは，傾きの緩やかな需要
曲線を想定した場合の方が，価格の上昇（あるいは下落）に対して需要が大きく
減少（あるいは増加）するためです．

　ここまでは図を使いながら，需要の価格弾力性についていろいろと考えてき
ましたが，その値を求めることは，まだやっていませんでした．そこで，ここ
からは(B.4)を使いながら，具体的な例によって実際に需要の価格弾力性の値
を求めてみましょう．

具体例 B-1

　ある製品が 1 個 100 円の価格で販売されており，その需要量が 500 個であっ
たとしましょう．技術革新によって生産コストが下がり，価格を 1 個 80 円に
値下げすることができたとき，需要量が 700 個に増加したとしましょう．この
とき，この製品への需要の価格弾力性はいくらになるでしょうか．

　まず，需要の価格弾力性を表す式をもう一度確認しましょう．需要の価格弾
力性は(B.4)で表されていました．

$$需要の価格弾力性 = -\frac{需要の変化分}{価格の変化分} \times \frac{もとの価格}{もとの需要} \qquad (B.4)$$

(B.4)の右辺の分子・分母にあるそれぞれの項には次のような値が入ることに
なります．

$$もとの価格 = 100$$

$$もとの需要 = 500$$

$$\begin{aligned}需要の変化分 &= 新しい需要 - もとの需要 \\ &= 700 - 500 \\ &= 200\end{aligned}$$

$$\begin{aligned}価格の変化分 &= 新しい価格 - もとの価格 \\ &= 80 - 100 \\ &= -20\end{aligned}$$

これらのそれぞれの値を(B.4)に代入します.

$$\begin{aligned}需要の価格弾力性 &= -\frac{需要の変化分}{価格の変化分} \times \frac{もとの価格}{もとの需要} \\ &= -\frac{200}{-20} \times \frac{100}{500} \\ &= 2\end{aligned}$$

よって,この製品への需要の価格弾力性は2になります.

具体例 B-2

具体例 B-1 は,それぞれの項の値を直接(B.4)へ代入して計算する基本的なものでしたので,もう少し詳しい例について考えてみましょう.

ある製品への需要曲線が次のように示されているとします.

$$D = 210 - 6P \quad (D:需要量,\ P:価格) \tag{B.9}$$

このとき,次の2つのことを考えてみましょう.

(1) $P = 10$ のとき,需要の価格弾力性はいくらになるでしょうか.

(2) 供給曲線が $S = 8P$ (S:供給量) で示されているとき,市場均衡点におけるこの財の需要の価格弾力性はいくらになるでしょうか.

(1)について：

まず，需要の価格弾力性を表す式を再度確認します．

$$需要の価格弾力性 = -\frac{需要の変化分}{価格の変化分} \times \frac{もとの価格}{もとの需要} \qquad (B.4)$$

ここで，考えたいことに合わせて(B.4)を変形していきます．需要は D，価格は P で表します．また，「変化分」は「Δ（デルタ）」で表すことにします．すると，(B.4)は次のように表されます．

$$需要の価格弾力性 = -\frac{\Delta D}{\Delta P} \times \frac{P}{D} \qquad (B.10)$$

　(B.10)の右辺の分数 $\frac{\Delta D}{\Delta P}$ の部分に注目しましょう．「Δ」を「d」に置き換えると，この分数は $\frac{dD}{dP}$ と表されます．Δ は（単なる）変化分を表していますが，d は「微小な」変化分を表します．これは，（高校のときに習った）「微分」の計算を表すときの記述（D を y，P を x とおくと $\frac{dy}{dx}$ となります）によく似ています．$\frac{需要の変化分}{価格の変化分}$ という記述は「価格の変化に対して需要がどれだけ変化するか」を表していますが，価格を x，需要を y に置き換えると「x の変化に対して y がどれだけ変化するか」ということになります．これは，微分の考え方と同じですので，記述がよく似ているだけでなく意味も同じことを表しているのです．

　したがって，$\frac{\Delta D}{\Delta P}$ の部分は，需要 D を価格 P で微分したものを表していることになります．このことから，この部分を具体的に求めたいときには，需要曲線を表した式を価格で微分すればよいことになります．

　それでは，需要曲線を表した(B.9)を価格 P で微分して，(B.10)の $\frac{\Delta D}{\Delta P}$ の部分を具体的に求めてみましょう．

$$\frac{dD}{dP} = 0 - 6 \times 1 \times P^{1-1} = -6 \times P^0 = -6 \times 1 = -6 \qquad (\text{B}.11)$$

いま，$P = 10$ のときの需要の価格弾力性を求めようとしていますので，その
ときの需要量を求めるために，需要曲線(B.9)に $P = 10$ を代入します．

$$D = 210 - 6P = 210 - 6 \times 10 = 150 \qquad (\text{B}.12)$$

(B.11)，(B.12)，および，$P = 10$ を(B.10)に代入すれば需要の価格弾力性を
求めることができます．

$$
\begin{aligned}
\text{需要の価格弾力性} &= -\frac{\Delta D}{\Delta P} \times \frac{P}{D} \\
&= -(-6) \times \frac{10}{150} \\
&= \frac{60}{150} \\
&= 0.4
\end{aligned}
$$

したがって，この製品の価格が1パーセント変化するとき，需要は0.4パーセ
ント変化することになるのです．

(2)について：

市場均衡点での需要の価格弾力性を求めようとしていますので，まず，需要曲
線 (B.9)（$D = 210 - 6P$）と供給曲線 $S = 8P$ を連立方程式として解いて，市
場均衡点を求めておきます．

$$
\begin{cases}
D = 210 - 6P \\
S = 8P
\end{cases}
$$

$D = S$ とおいて，この連立方程式を解くと $P = 15$，$D = 120$ になります．
　市場均衡点での均衡価格と均衡数量を求めることができましたので，(B.

10) に, (B.11), $P = 15$, $D = 120$ を代入すれば需要の価格弾力性の値を求めることができます.

$$需要の価格弾力性 = -\frac{\Delta D}{\Delta P} \times \frac{P}{D}$$
$$= -(-6) \times \frac{15}{120}$$
$$= \frac{90}{120}$$
$$= 0.75$$

したがって, 市場均衡点で, この製品の価格が 1 パーセント変化したとき, 需要は 0.75 パーセント変化することになるのです.

B.2　需要の所得弾力性

　B.1 節では, リンゴやミカンの価格が 1 ％変化したときに需要が何パーセント変化するかについて考えましたが, もっているお金 (予算) が変化したときについては考えていませんでした. そこで, この節では, もっているお金, すなわち, 所得が 1 パーセント変化したとき, リンゴやミカンへの需要が何パーセント変化するかについて考えてみます.

　第 2 章の 2.5 節で考えましたように, 所得が変化すると予算制約線が変化し, その結果, 最適消費点が別の位置に移動することになります. その結果, 需要量が変化することになりますが, B.1 節と同様に, この変化について「変化率」という考え方を使って考えていきましょう.

　所得が 1 パーセント変化したときリンゴへの需要が何パーセントか変化することが考えられますが, このように所得の変化率に対してリンゴへの需要の変化率を考えたもののことを**需要の所得弾力性**とよんでいます. これを分数を

使って表すと，以下のようになります．

$$(\text{リンゴへの})\text{需要の所得弾力性} = \frac{\text{リンゴへの需要の変化率}}{\text{所得の変化率}}$$

$$(\text{B.13})$$

一般的に，所得が増加すると需要は増加します．すなわち，所得が増加すると所得の変化率はプラスの値になりますが，リンゴへの需要も増加しますので，需要の変化率もプラスの値をとることになります．すると，(B.13)より需要の所得弾力性はプラスの値になります．したがって，需要の価格弾力性を表した(B.1)のようにマイナスを付ける必要はないのです．

　(B.13)の分子・分母にあるリンゴへの需要の変化率，所得の変化率を分数を使ってもう少し詳しく表すと以下のようになります．

$$\text{リンゴへの需要の変化率} = \frac{\text{需要の変化分}}{\text{もとの需要}} \qquad (\text{B.14})$$

$$\text{所得の変化率} = \frac{\text{所得の変化分}}{\text{もとの所得}} \qquad (\text{B.15})$$

(B.14)における「需要の変化分」とは「新しい需要量－もとの需要量」のことであり，(B.15)における「所得の変化分」とは「新しい所得－もとの所得」のことです．

　(B.14)，(B.15)を(B.13)へ代入して整理すると，次のようになります．

$$(\text{リンゴへの})\text{需要の所得弾力性} = \frac{\text{需要の変化分}}{\text{所得の変化分}} \times \frac{\text{もとの所得}}{\text{もとの需要}}$$

$$(\text{B.16})$$

以後の分析では，需要の所得弾力性を考えるときは(B.16)を使って考えてい

きます.

具体例 B-3

それでは, 以下の具体例をもとに, (B.16)を使って実際に需要の所得弾力性を求めてみましょう.

Aさんは, 所得が 20 万円のときは, その 15 パーセントを衣料品に使っていましたが, 所得が 30 万円に増えると, その 18 パーセントを衣料品に使うようになりました. このとき, Aさんの衣料品に対する需要の所得弾力性はいくらになるでしょうか.

(B.16)の分子・分母の各項に数値を当てはめて計算するために, それぞれの項の値を確認します.

$$もとの所得 = 20\,(万円)$$

$$新しい所得 = 30\,(万円)$$

$$(衣料品への)\,もとの需要 = 20\,(万円) \times 0.15 = 3\,(万円)$$

$$(衣料品への)\,新しい需要 = 30\,(万円) \times 0.18 = 5.4\,(万円)$$

$$(衣料品への)\,需要の変化分 = (衣料品への)\,新しい需要 - (衣料品への)$$

$$もとの需要$$

$$= 5.4\,(万円) - 3\,(万円)$$

$$= 2.4\,(万円)$$

$$所得の変化分 = 新しい所得 - もとの所得$$

$$= 30\,(万円) - 20\,(万円)$$

$$= 10\,(万円)$$

これらのそれぞれの値を(B.16)に代入します.

$$需要の所得弾力性 = \frac{需要の変化分}{所得の変化分} \times \frac{もとの所得}{もとの需要}$$

$$= \frac{2.4}{10} \times \frac{20}{3}$$
$$= 1.6$$

よって，需要の所得弾力性は 1.6 になります．

　この計算結果から，所得が 1 パーセント変化したとき，衣料品への需要は 1.6 パーセント変化することになります．すなわち，所得の変化率よりも需要の変化率の方が大きくなっているのです．

　ここで，次のことを考えてみましょう．所得が変化したとき，生活に必要な財への需要はどのように変化するでしょうか．たとえば，お米への需要はどうでしょうか．所得が増加したからといってお米への需要は増加するでしょうか．あるいは，所得が減少したからといってお米への需要は減少するでしょうか．

　お米の（たとえば 1 ヶ月の）消費量は，各家計でほぼ決まった量になっていると考えられます．したがって，所得が多少増減しても，お米への需要はほとんど変化しないと考えられます．このことから，お米のような生活に必要な財への需要の所得弾力性は 1 より小さな値になるのです．

　このように，需要の所得弾力性が 1 より小さい財のことを**必需品**といいます．その反対に，1 より大きい財のことは**奢侈**（しゃし）**品**といいます．したがって，先ほどの衣料品は奢侈品ということになるのです．

第3章　生産行動分析の基本

　この章と補論Cでは，生産行動について分析をおこなっていきます．企業が生産活動をおこなうことの目的は，利潤をできるだけ大きくすることです．利潤は売り上げ収入から生産にかかった費用を除いた残りですが，売り上げ収入とは価格に販売数量をかけたもののことです．ここでは，いわゆる在庫を考えないで分析を進めますので，販売数量は生産量と同じになります．したがって，利潤は以下の式で表されることになります．

$$利潤 ＝ 売り上げ収入 － 費用$$
$$＝ 価格 × 生産量 － 費用 \tag{3.1}$$

製品の価格は，市場である値に決められているとしましょう．すると，(3.1)において変化するものは，右辺第1項にある生産量と第2項の費用ということになります．

　そこで，この章では，まず費用に注目して企業の利潤最大化行動について分析をおこなうことにします．そして，補論Cで生産量に注目をした分析をおこなうことにします．

　費用に注目して分析を進めるためには，まず費用とはどのようなものかを明

らかにしなければなりません．そこで，3.1節では，生産量と費用の関係を表す費用曲線を紹介します．この章の分析では，この費用曲線が重要な役割を演じることになります．

3.2節では，費用曲線をもとにして，**平均費用**，**平均可変費用**，**限界費用**について，それぞれ費用曲線を使ってどのように図示されるかを考えていきます．そして，それぞれの費用を表した曲線がどのように描かれるかを確認したあとで，3つの曲線の位置関係を考えます．3つの曲線の位置関係を描いた図は，最大利潤を図示したり，**損益分岐点**の位置を確認したりするための重要な分析道具になります．

3.3節では，利潤を最大にするための条件を利潤の式から考えていきます．利潤を最大にするための条件が導かれたあとは，3.2節で確認した3つの費用を表した図を使って，3.4節で最大利潤の大きさを図示してみます．そして，その図をもとにして，3.5節で損益分岐点，**企業閉鎖点**について考えます．

最後に，3.6節では，3.3節で確認した利潤最大条件を使って，限界費用曲線と供給曲線の関係について考えてみます．

3.1 費 用 曲 線

モノを生産するには，原材料費，加工費などの費用がかかります．この費用は大きく2つに分かれており，1つは**固定費用**とよばれるもので，もう1つは**可変費用**とよばれるものです．

固定費用とは，生産量に関係なくかかる費用のことで，生産に必要な設備の費用，工場を建設するための土地の代金などのことです．したがって，ある一定の大きさになります．一方，可変費用とは，生産量にともなって変化する費用のことで，原材料費，人件費などがそれにあたります．これらの費用は，生産量が増加していくと，それにともなって増加していきます．

　固定費用と可変費用を合わせたものが生産にかかる費用ということになりますが，この生産量と費用の関係を図で表すと次のようになります．生産量がゼロのときには生産活動はおこなわれませんが，さきほどの固定費用がかかりますので，費用曲線の切片は固定費用を表していることになります．生産活動が始まり，生産量がプラスの領域に入ってくると，固定費用に加えて可変費用が発生してきます．そして生産量の増加にともなって可変費用も増加し，費用全体が増加していくことになります．

　固定費用は生産量が増加してもある一定値のままですが，可変費用は変化していきます．生産活動が始まり，生産量がまだ少ない段階では，たとえば，生産ラインを順調に動かすために従業員の研修をおこなう必要があるため，人件費が余分にかかることになります．そのため，生産量が少ない段階では，費用は急に増加する傾向がみられることになります．このことから，**図3-1**の費用曲線は生産量が少ない領域（領域A）では傾きが急になっているのです．

　生産量がある水準に達し，生産ラインが順調に動くようになってくると，たとえば，さきほどのような研修のための余分な人件費がかからなくなるため，費用の増加の仕方は緩やかになります（領域B）．そして，生産量がさらに多く

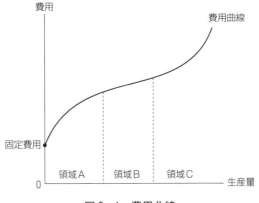

図3-1　費用曲線

なり，生産能力の限界に近づき始めると工場をフル稼働しなければならなくなり，従業員もフル稼働ということになるので，費用が急に増加する傾向がみられることになります（領域C）．

　以上のことから，費用曲線は**図3-1**に示されているように，逆S字型のような形状になるのです．

3.2 平均費用，平均可変費用，限界費用

　3.1節では，費用を固定費用と可変費用に分けて，費用曲線について分析をおこないました．この節では，費用曲線を使いながら，「平均」と「限界」という考え方にもとづいて費用に関する分析を進めていきましょう．

　平均の考え方を使って，**平均費用**と**平均可変費用**という2つの費用を考えることができます．すなわち，平均費用とは，生産物1個に平均的にかかる費用のことで，平均可変費用とは，生産物1個に平均的にかかる可変費用のことです．また，生産物を追加的に生産するとき，追加的に費用がかかりますが，この追加的という考え方（これが限界という考え方です）を使って，**限界費用**という費用を考えることができます．すなわち，限界費用とは，生産物を1個追加的に生産するときにかかる追加的な費用のことです．この節では，これらの費用について，費用曲線を使いながら分析をおこなっていきます．

　図3-1と同様の図を使いながら，平均費用，平均可変費用，限界費用について，それぞれ図を使ってどのように表されるかについて考えていきましょう．

　まず平均費用から考えていきます．平均費用とは，先ほども述べましたように，生産物1個当たりに平均的にかかる費用のことです．すなわち，平均費用 $= \dfrac{\text{費用}}{\text{生産量}}$ と表すことができます．**図3-2**において，生産量が Q_A のとき費用は C_A となりますが，このとき平均費用は $\dfrac{\text{費用}}{\text{生産量}} = \dfrac{OC_A \text{（の長さ）}}{OQ_A \text{（の長さ）}}$ となりま

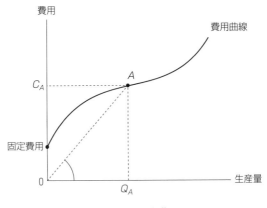

図3-2　平均費用

す．三角形 AOQ_A に注目すると，$\dfrac{OC_A\,(の長さ)}{OQ_A\,(の長さ)}$ は $\dfrac{三角形\,AOQ_A\,の高さ}{三角形\,AOQ_A\,の底辺}$ を表

していますので，斜辺 AO の傾きの大きさを表していることになります．すな

わち，生産量が Q_A のときの平均費用は，A 点から原点に引いた直線の傾きの

大きさで表されているのです．

　次に，平均可変費用について考えてみましょう．平均可変費用とは，生産物

1個あたりに平均的にかかる可変費用のことですので，平均可変費用 ＝

$\dfrac{可変費用}{生産量}$ と表すことができます．可変費用は費用から固定費用を除いたもの

ですので，費用曲線を使って考える場合は，固定費用を表した部分を除いて考

えなければなりません．**図3-3** では，固定費用を表した切片（F 点）から下の

分を取り除いた残りの部分が可変費用を表しています．

　可変費用を表した部分を使って平均可変費用がどのように表されるかを考え

てみましょう．　生産量が Q_A のとき費用は C_A となりますが，可変費用は固定

費用を除いた C_AF の部分になります．このとき平均可変費用は $\dfrac{可変費用}{生産量}$ ＝

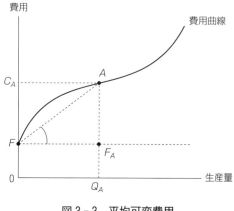

図3-3 平均可変費用

$\dfrac{C_A F \text{（の長さ）}}{O Q_A \text{（の長さ）}}$ となります．三角形 AFF_A に注目すると，$\dfrac{C_A F \text{（の長さ）}}{O Q_A \text{（の長さ）}}$ は，

平均費用について考えたときと同様に，$\dfrac{\text{三角形 } AFF_A \text{ の高さ}}{\text{三角形 } AFF_A \text{ の底辺}}$ を表していま

すので，三角形 AFF_A の斜辺 AF の傾きの大きさを表していることになります．すなわち，生産量が Q_A のときの平均可変費用は，A 点から切片に引いた直線の傾きの大きさで表されているのです．

最後に，限界費用について考えてみましょう．生産物を1個追加的に生産すると，それにともなって生産にかかる費用もいくらか増加しますが，この追加的に増加した費用のことを限界費用とよんでいます．費用曲線を使って，限界費用がどのように表されるか考えてみましょう．

生産量が Q_A のとき費用が C_A かかり，生産量を1個ふやして $Q_A + 1$ にしたとき，費用が C_B かかっているとします．このときの限界費用は，生産量の1個の増加に対して費用が $C_B - C_A$ だけ増加しているので，$C_B - C_A$ ということになります．

このことを三角形 ABC で考えると，生産物1個は三角形の底辺 AC に対応

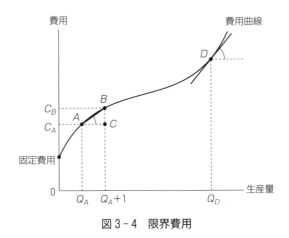

図3-4　限界費用

し，追加的に増加した費用は三角形の高さ BC に対応します．限界費用は，生産物の追加的な1個に対する費用の増加分なので，$\dfrac{費用の増加分}{生産物の追加的な1個}$ と表すことができます．したがって，三角形 ABC で考えた場合，$\dfrac{費用の増加分}{生産物の追加的な1個} = \dfrac{BC（の長さ）}{AC（の長さ）} = \dfrac{高さ}{底辺}$ となるので，限界費用は三角形 ABC の斜辺 AB の傾きの大きさで表されることになります．

　生産の規模が大きくなり，生産量が非常に多くなって，その結果，A 点と B 点が非常に接近して1点にしか見えなくなった場合はどのように考えればよいでしょうか．ここで，補論Aの**図A-2**で限界代替率のことを考えたことを思い出しましょう．2つの点が非常に接近して1つの点にしか見えなくなったときは，その点を通る接線の傾きで限界代替率は表されていました．このことを使うと，たとえば生産量が Q_D のときの限界費用は，D 点の接線の傾きの大きさで表されることになります．

　費用曲線を使って平均費用，平均可変費用，限界費用をそれぞれ表すことができたので，次に，1つの曲線としてそれぞれの費用を表し，3つの費用曲線が同じ座標上にどのように描かれるのかを考えていきます．そのために，ある

生産量に対応する３つの費用曲線の位置関係を確認することから，まず考えて
いきます.

　まず平均費用曲線から確認にしていきましょう. **図 3‒2** で確認したように，
平均費用は，費用曲線上の点から原点に引いた直線の傾きの大きさで表されて
います. 費用曲線上の A 点は生産量 Q_A に対応していますが，このときの平均
費用は A 点から原点に引いた直線の傾きの大きさで表されます. この大きさ
を A_1 として，**図 3‒5** の下半分の図に書き込んでいます. すなわち，$A_1 Q_A$（の
長さ）が生産量が Q_A のときの平均費用の大きさを表しているのです.

　次に，平均可変費用について確認しましょう. **図 3‒3** で確認したように，
平均可変費用は費用曲線上の点から費用曲線の切片に引いた直線の傾きの大き

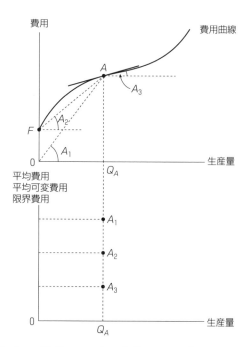

図 3‒5　平均費用，平均可変費用，限界費用の位置関係

さで表されていました．このことから，図 3-5 において生産量が Q_A のときの平均可変費用は，A 点から費用曲線の切片に引いた直線の傾きの大きさで表されます．この大きさを A_2 として，図 3-5 の下半分の図に書き込んでいます．すなわち，A_2Q_A（の長さ）が生産量が Q_A のときの平均可変費用の大きさを表しているのです．

　最後に，限界費用について確認しましょう．図 3-4 で確認したように，限界費用は，費用曲線の接線の傾きの大きさで表されていました．このことから，図 3-5 において，生産量が Q_A のときの限界費用は，A 点での接線の傾きの大きさで表されます．この大きさを A_3 として，図 3-5 の下半分の図に書き込んでいます．すなわち，A_3Q_A（の長さ）が生産量が Q_A のときの限界費用の大きさを表しているのです．

　図 3-5 の上半分の図から明らかですが，A 点から原点に引いた直線の傾きが一番大きく，次に，A 点から費用曲線の切片に引いた直線の傾きが大きく，A 点の接線の傾きが一番小さくなっています．このことから，下半分の図では，A_1Q_A が一番長く，A_2Q_A が次に長く，A_3Q_A が一番短くなっているのです．

　図 3-5 では，生産量 Q_A にのみ注目して，平均費用，平均可変費用，限界費用の位置関係を確認しましたが，次に，いろいろな生産量での位置関係を確認し，平均費用曲線，平均可変費用曲線，限界費用曲線をそれぞれ描いてみましょう．

　図 3-6 には，図 3-5 と同様に，上半分に費用曲線が描いてあり，下半分には，図 3-2，図 3-3，図 3-4 でそれぞれ確認した平均費用，平均可変費用，限界費用の費用曲線を使った描き方にもとづいて，平均費用曲線，平均可変費用曲線，限界費用曲線がそれぞれ描かれています．以下，それぞれの曲線がどのようにして描かれているかを確認していきましょう．

　まず平均費用曲線から確認にしていきます．図 3-5 で確認したように，生産量が Q_A のときの平均費用は，A 点から原点に引いた直線の傾きの大きさで

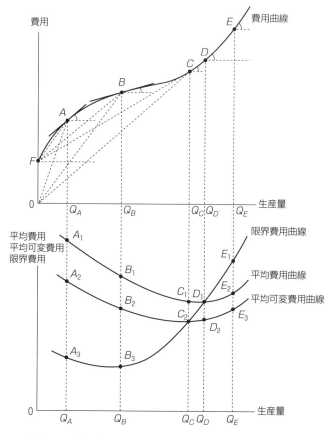

図 3-6　費用曲線と平均費用，平均可変費用，限界費用

表されていました．この大きさを A_1 とすると，A_1Q_A (の長さ) が平均費用の大きさを表していました．

　同様に考えて，生産量が Q_B，Q_C，Q_D，Q_E のときの平均費用も，それぞれ B_1Q_B (の長さ)，C_1Q_C (の長さ)，D_1Q_D (の長さ)，E_2Q_E (の長さ) で表されることになります．そして，A_1，B_1，C_1，D_1，E_2 を結んでいくと，各生産量に対応した平均費用の大きさを表す平均費用曲線が得られることになるのです．

　次に，平均可変費用について確認しましょう．**図 3 - 5** で確認したように，生産量が Q_A のときの平均可変費用は，A 点から切片に引いた直線の傾きの大きさで表されていました．この大きさを A_2 とすると，$A_2 Q_A$（の長さ）が平均可変費用の大きさを表していました．

　同様に考えて，生産量が Q_B，Q_C，Q_D，Q_E のときの平均可変費用も，それぞれ $B_2 Q_B$（の長さ），$C_2 Q_C$（の長さ），$D_2 Q_D$（の長さ），$E_3 Q_E$（の長さ）で表されることになります．そして，A_2，B_2，C_2，D_2，E_3 を結んでいくと，各生産量に対応した平均可変費用の大きさを表す平均可変費用曲線が得られることになるのです．

　最後に，限界費用について確認しましょう．**図 3 - 5** で確認したように，生産量が Q_A のときの限界費用は，A 点の接線の傾きの大きさで表されていました．この大きさを A_3 とすると，$A_3 Q_A$（の長さ）が限界費用の大きさを表していました．

　同様に考えて，生産量が Q_B，Q_C，Q_D，Q_E のときの限界費用も，それぞれ $B_3 Q_B$（の長さ），$C_2 Q_C$（の長さ），$D_1 Q_D$（の長さ），$E_1 Q_E$（の長さ）で表されることになります．そして，A_3，B_3，C_2，D_1，E_1 を結んでいくと，各生産量に対応した平均可変費用の大きさを表す平均可変費用曲線が得られることになるのです．

　図 3 - 6 の下半分の図を，もう一度よく確認してみましょう．生産量が Q_A，Q_B のときには，平均費用が一番大きく，次に平均可変費用が大きく，限界費用が一番小さくなっていました．しかし，生産量が Q_C のところでは状況が変わってきています．上半分の図で確認すると，生産量が Q_C のところでは，C 点から切片に引いた直線と C 点の接線が一致しています．すなわち，平均可変費用と限界費用が等しくなっているのです．このことから，平均可変費用曲線と限界費用曲線は C_2 点で交差することになるのです．さらに，C 点から切片に引いた直線の傾きが，費用曲線上の他の点から切片に引いた直線の傾きと比べて一番小さくなっていることも確認できます．すなわち，平均可変費用は

C_2 点で最小になっているのです．限界費用曲線との交点 C_2 は，平均可変費用曲線の最低点でもあるのです．

また，生産量が Q_D のところでは，D 点から原点に引いた直線と D 点の接線が一致しています．すなわち，平均費用と限界費用が等しくなっているのです．このことから，平均費用曲線と限界費用曲線は D_1 点で交差することになります．さらに，D 点から原点に引いた直線の傾きが，費用曲線上の他の点から原点に引いた直線の傾きと比べて一番小さくなっていることも確認できます．すなわち，平均費用は D_1 点で最小になっているのです．限界費用曲線との交点 D_1 は，平均費用曲線の最低点でもあるのです．

3.3　利潤最大条件

この節では，**図 3-6** の下半分に描かれた 3 つの費用曲線の図をもとにして，最大利潤の大きさがどのように描かれるかについて考えていきます．そのために，まず利潤を最大にするための条件について考えましょう．

本章の序文で確認しましたが，利潤は，単純に次のような式で表されます．

$$\text{利潤＝収入－費用} \tag{3.2}$$

収入は，価格に販売数量をかければ求められます．ここでは在庫を考えないことにすると，販売数量は生産量と一致します．したがって，(3.2)は次のように書き換えられます．

$$\text{利潤＝価格×生産量－費用} \tag{3.3}$$

(3.3)のように表された利潤を最大にするには，どのような条件が成立すればよいでしょうか．

このことを確認するために，生産量を 1 単位ずつ増やしていくことを考えま

しょう．生産量を 1 単位増加させると，収入は 1 単位あたりの価格の大きさだけ増加します．この生産量 1 単位あたりの収入の増加分のことを**限界収入**といいます．一方，生産量を 1 単位増加させると費用も増加することになりますが，この生産量 1 単位あたりの費用の増加分のことを**限界費用**といいます．

　それでは，限界収入と限界費用を使って，利潤を最大にするための条件について考えていきましょう．まず，「限界費用＜限界収入」という状況を想定します．この状況において生産量を 1 単位増加させると利潤はどうなるでしょうか．限界費用より限界収入の方が大きいので，生産量を 1 単位増加させると，この 1 単位に対して追加的にかかる費用より追加的に得られる収入の方が大きいということになります．すなわち，生産量を 1 単位増加させることで，利潤は増加することになるのです．このことから，「限界費用＜限界収入」という状況のもとでは，企業は利潤を増加させるために生産量を増加させていくでしょう．

　逆に，「限界費用＞限界収入」という状況を想定するとどうなるでしょうか．この状況では，生産量を 1 単位増加させると，この 1 単位に対して追加的にかかる費用の方が追加的に得られる収入より大きいということになります．すなわち，生産量を 1 単位増加させることで，利潤は減少することになるのです．ゆえに，「限界費用＞限界収入」という状況のもとでは，企業は利潤を減少させないために生産量を減少させていくでしょう．

　このようにして，限界費用と限界収入の大小関係に注意しながら，企業は生産量を増減させていくのです．それでは，生産量の増減が止まり，これ以上利潤が増加も減少もしないというのは，どのような状況でしょうか．それは「限界費用＝限界収入」という状況になったときです．この状況では，生産量を 1 単位増加させたときの追加費用と追加収入が同じになり，利潤はこれ以上増加することも減少することもありません．すなわち，これ以上の利潤を得ることはできなくなるので，企業は生産量を変化させなくなるのです．

　以上のことから，利潤を最大にするための条件は，限界費用＝限界収入という条件になります．ここでは，限界収入は価格の大きさなので，利潤最大条件は「価格＝限界費用」ということになります．

3.4　最大利潤の図示

　3.3 節で利潤を最大にするための条件がわかりましたので，この節では，利潤最大条件と**図 3-7** をもとにして，最大利潤の大きさを図示することを考えていきます．

　いま，ある企業の生産している製品の価格が P であるとします．利潤最大条件は，価格＝限界費用でしたので，この企業は価格と限界費用が等しくなる A 点で生産量を決定します．したがって，利潤を最大にする生産量は Q^* になります．

　このとき，最大利潤の大きさはどのように表されるでしょうか．価格が P の

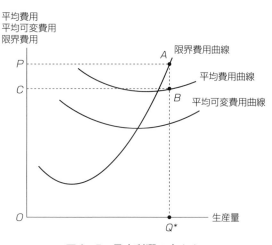

図 3-7　最大利潤の大きさ

とき生産量が Q^* になりましたので，この企業の収入は，価格×生産量＝ P × Q^* で計算できます．図3-7では，価格 P の大きさは（原点をゼロではなく O として）OP の長さで表され，生産量 Q^* の大きさは OQ^* の長さで表されます．したがって，収入は OP × OQ^* となりますが，これは四角形 POQ^*A の面積を表しています．

次に，費用はどのように表されるでしょうか．生産量が Q^* のとき，平均費用の大きさは B 点で決定されます．平均費用とは，費用を生産量で割ったものでしたから，平均費用に生産量をかけてやれば費用の大きさが求められます．すなわち，B 点で決定される平均費用に Q^* をかけてやれば，費用の大きさが求められるのです．B 点での平均費用の大きさは BQ^* ですので，費用の大きさは BQ^* × OQ^* になりますが，これは四角形 COQ^*B の面積を表しています．

最大利潤は収入から費用を引いた残りになりますので，四角形 POQ^*A から四角形 COQ^*B を取り除いた残りの部分ということになります．すなわち，四角形 $PCBA$ の部分が最大利潤の大きさを表しているのです．

3.5 損益分岐点，企業閉鎖点

図3-7では，価格が P のときの最大利潤の大きさが示されていましたが，価格が下落していくと最大利潤の大きさはどうなっていくでしょうか．図3-8に示されているように，価格が P_1，P_2 と下落していくと，最大利潤の大きさも，四角形 P_1CBA，四角形 P_2DEF というように小さくなっていきます．価格が P_3 まで下落すると最大利潤を表す四角形は，さらに小さくなることは容易に確認できるでしょう．

このように価格の下落にともなって最大利潤は減少していきますが，価格がどこまで下落すると利潤はなくなってしまうのでしょうか．図3-9を使って，このことを考えてみましょう．

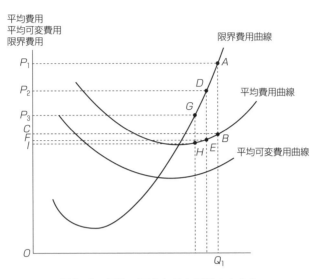

図3-8 価格の下落と最大利潤の大きさ

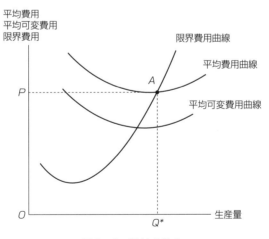

図3-9 損益分岐点

　価格が限界費用と平均費用の交点（A点）とちょうど同じ高さの水準にあるとしましょう．このとき，利潤最大条件は A 点で成立するので，生産量は Q^* になります．収入は価格×生産量＝$P \times Q^*$ で計算されますが，**図 3 - 9** では，価格 P の大きさは OP の長さで表され，生産量 Q^* の大きさは OQ^* の長さで表されます．したがって，収入は $OP \times OQ^*$ となりますが，これは四角形 POQ^*A の面積を表しています．

　一方，生産量が Q^* のときの平均費用の大きさも A 点で決定されます．A 点での平均費用の大きさは AQ^* ですので，費用の大きさは $AQ^* \times OQ^*$ になりますが，これは四角形 POQ^*A の面積を表しています．

　以上のことから，価格が限界費用と平均費用の交点と同じ高さの水準にあるとき，収入と費用の大きさが同じになるので利潤はゼロになります．このことから，限界費用と平均費用の交点（A点）は**損益分岐点**とよばれています．

　価格がさらに下落していくと，企業はどうするでしょうか．たとえば，**図 3 - 10** の B 点に対応する水準の P まで価格が下がったとしましょう．このとき，利潤最大条件は B 点で成立しますので，生産量は Q^* になります．収入は価格×生産量＝$P \times Q^*$ で計算されますが，**図 3 - 10** では，これは $OP \times OQ^*$ となりますので，四角形 POQ^*B の面積を表しています．

　一方，生産量が Q^* のときの平均費用の大きさは C 点で決定されます．C 点での平均費用の大きさは CQ^* ですので，費用の大きさは $CQ^* \times OQ^*$ になりますが，これは四角形 FOQ^*C の面積を表しています．

　最大利潤は収入から費用を引いた残りになりますので，四角形 POQ^*B から四角形 FOQ^*C を取り除いた残りの部分になります．このとき，費用の大きさを表した四角形 FOQ^*C の方が大きいので，四角形 $FPBC$ の部分だけ赤字が発生していることになります．それでは，赤字が発生しているので，この企業は生産活動を中止するのでしょうか．

　このことを確認するために，生産量が Q^* のときの固定費用の大きさについ

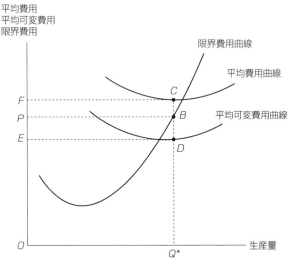

図 3-10　赤字の大きさと固定費用

て考えてみましょう．費用の大きさは四角形 FOQ^*C で表されていましたが，この費用の中の可変費用はどの部分で表されているでしょうか．可変費用の大きさを表す部分がわかれば，その部分を費用を表す部分から取り除くことで，固定費用の大きさを表す部分を求めることができます．

　生産量が Q^* のとき，平均可変費用は D 点で決定されており，その大きさは DQ^* です．可変費用の大きさは，この平均可変費用に生産量をかければ求められますので，$DQ^* \times OQ^*$ となり，これは四角形 EOQ^*D の面積となります．

　以上のことから，固定費用は，費用を表した四角形 FOQ^*C から可変費用を表した四角形 EOQ^*D を取り除いた部分ですので，四角形 $FEDC$ になります．

　さきほど確認しましたように，この企業が生産活動を続けるとき，四角形 $FPBC$ の大きさの赤字が発生することになります．そこで，この企業が生産活動を中止したとしましょう．赤字は解消されるのでしょうか．生産活動を中止すると可変費用はゼロになります．しかし，生産に関係なくかかる費用であ

る固定費用は発生することになり，生産活動を中止しても四角形 $FEDC$ の大きさの費用がかかることになります．そして，この四角形 $FEDC$ が赤字として計上されることになります．

　このとき，企業にとっては生産を続けるのと中止するのと，どちらが得策でしょうか．四角形 $FPBC$ より四角形 $FEDC$ の方が大きいので，生産活動を中止した方がより大きな損失を被ることになります．したがって，価格の水準が損益分岐点を下回っても生産活動は継続されるのです．

　価格がさらに低下して，**図3-11**のように限界費用と平均可変費用の交点の水準まで低下したとしましょう．このとき，企業は生産活動を継続するでしょうか．

　ここでも，赤字の大きさと固定費用の大きさについて考えてみましょう．このとき，利潤最大条件は G 点で成立しますので，生産量は Q^* になります．収入は価格×生産量＝$P \times Q^*$ で計算されますが，**図3-11**では，これは $OP \times OQ^*$ となりますので，四角形 POQ^*G の面積を表しています．

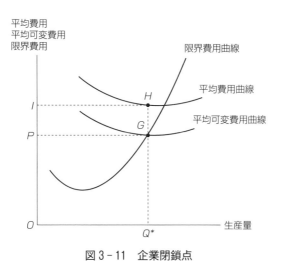

図3-11　企業閉鎖点

　一方，生産量が Q^* のときの平均費用の大きさは H 点で決定されます．H 点での平均費用の大きさは HQ^* ですので，費用の大きさは $HQ^* \times OQ^*$ になりますが，これは四角形 IOQ^*H の面積を表しています．

　最大利潤は収入から費用を引いた残りになりますので，四角形 POQ^*G から四角形 IOQ^*H を取り除いた残りの部分になります．このとき，費用の大きさを表した四角形 IOQ^*H の方が大きいので，四角形 $IPGH$ の部分だけ赤字が発生していることになります．

　また，生産量が Q^* のとき，平均可変費用は G 点で決定されており，その大きさは GQ^* です．可変費用の大きさは，この平均可変費用に生産量をかければ求められますので，$GQ^* \times OQ^*$ となり，これは四角形 POQ^*G の面積となります．したがって，固定費用は，費用の大きさを表した四角形 IOQ^*H から可変費用の大きさを表した四角形 POQ^*G を取り除いた部分である四角形 $IPGH$ になります．

　したがって，この企業が生産活動を継続した場合は四角形 $IPGH$ の赤字が発生しますが，生産活動を中止した場合も四角形 $IPGH$ の固定費用が発生することになります．生産活動を継続してもしなくても，同じ大きさの損失が発生することになるのです．同じ大きさの損失が発生するのであれば，この企業は生産活動を中止してしまうでしょう．このことから，限界費用曲線と平均可変費用曲線の交点である G 点のことを**企業閉鎖点**とよんでいます．

3.6　限界費用曲線と供給曲線

　3.5 節で確認したように，価格が限界費用曲線と平均可変費用曲線の交点の高さの水準まで下がってしまうと，固定費用の大きさと赤字の大きさが同じになり，企業は生産活動を中止してしまいました．このことを逆にいうと，価格がその水準まで下がるまでは生産活動が継続されることになります．

　生産活動が継続されている間は，企業は利潤最大条件にもとづいて生産量を決定していますので，価格と限界費用が等しくなるところで生産量は決定されています．このとき，価格の水準は外生的に与えられますので，生産量を決定するのは限界費用曲線になっています．すなわち，与えられた価格水準に対して，それに対応する生産量は限界費用曲線が決定しているのです．

　このように，限界費用曲線は，与えられた価格水準に対応して生産量を決定しているのですが，これは，いわゆる供給曲線と同じ役割を果たしていることになります．供給曲線は，ある価格水準に対して，その価格に対応する生産量を示すものですが，価格と生産量の対応を示しているという点では，限界費用曲線は同じ役割を果たしています．

　以上のことから，企業閉鎖点より上にある限界費用曲線は，供給曲線と見なすことができるのです．

　図3-12に描かれている供給曲線は，ある企業の供給曲線ですが，この企業以外にも同じ財を生産しようとしている企業は存在しているはずです．そこで，次に，社会全体の供給曲線について，社会全体の需要曲線を導出した第2章の

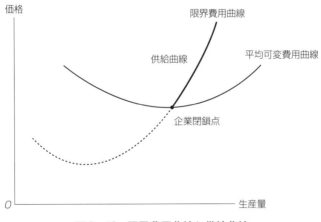

図3-12　限界費用曲線と供給曲線

2.6節と同様の方法で考えてみましょう.

　話を簡単にするために，社会全体には企業Aと企業Bの2つの企業しか存在していないとしましょう. そして，企業Aと企業Bの供給曲線が，それぞれ**図3-13**のように表されるとしましょう.

　図に示されているように，製品の価格が1000円のとき，企業Aは100個供給し，企業Bは150個供給します. また，1500円のときは，企業Aは120個，企業Bは200個，それぞれ供給します. したがって，価格が1000円のときの社会全体の供給量は100 + 150 = 250個，1500円のときは120 + 200 = 320個ということになります. このことから，この製品の社会全体の供給曲線は**図3-14**のように表されることになります.

　このように，企業Aと企業Bの2つの供給曲線を横軸の方向に足し合わせることで，社会全体の供給曲線を描くことがができるのです. なお，ここでは，話を簡単にするために，社会全体に2つの企業しか存在しない状況を想定して分析を進めましたが，3つ以上の企業が存在する場合も**図3-14**と同様の方法によって社会全体の供給曲線を描くことができます.

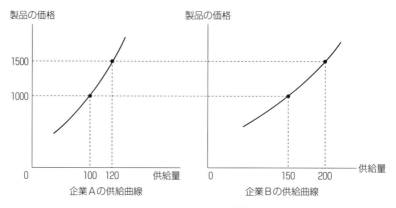

図3-13　それぞれの供給曲線

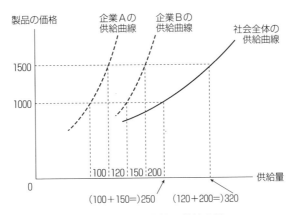

図 3 - 14　社会全体の供給曲線

| 補論C | 若干の数学的手法による 生産行動分析 |

第3章では，費用曲線を中心にしながら平均費用，平均可変費用，限界費用の分析をそれぞれ行い，その分析をもとにして，最大利潤と費用・生産量の関係，損益分岐点，企業閉鎖点，さらに供給曲線について分析を進めました．これらの分析には，利潤を最大にする生産量が登場していましたが，生産量そのものがどのように決定されるかについては，何も触れられていませんでした．そこで，この章は，生産量そのものの決定についての分析から始めます．

生産物は**生産要素**を組合せ，加工することによって生み出されますが，このような生産要素と生産物の関係を表したものが**生産関数**とよばれるものです．C.1節では，この生産関数について基本的なことを確認します．そして，この生産関数をもとにして，C.2節では**限界生産力**について確認します．生産要素を1単位増加させたときの生産量の増加分のことを限界生産力といいますが，これは第2章の消費行動の分析で重要な役割を演じた限界効用とよく似たものです．限界生産力は，この章の分析で重要な役割を演じることになります．

C.3節では，同じ生産量を生み出す生産要素の組合せを表した**等生産量曲線**について確認します．これは，第2章の消費行動の分析で出てきた無差別曲線とよく似たものです．続いて，C.4節で紹介する同じ大きさの費用の範囲で使

用できる生産要素の組合せを表した**等費用曲線**と等生産量曲線を合わせると，ある大きさの生産量を実現するための最小費用について分析をおこなうことができます．この分析は，最適消費点の分析とよく似た分析になりますが，C.5節でくわしく分析がおこなわれ，費用を最小にする点を考えていきます．

　最後に，費用を最小にする点で成立している条件を求めるために，C.6節では，等生産量曲線を使って表される**技術的限界代替率**について，第2章と同様の方法で確認します．そして，技術的限界代替率について確認したことを使って，C.7節で費用最小点で成立する条件について考えていきます．

C.1　生産関数

　生産活動をおこなうためには，原材料や生産設備，労働力などが必要になります．このような，生産活動をおこなうために必要なもののことを**生産要素**とよんでいます．生産要素を組合せ，加工することによって生産物が生み出されるのです．たとえば，ノートは紙からできていますが，紙はパルプから生み出されます．もちろん，パルプを紙に加工する生産設備も必要になりますので，紙はパルプと生産設備によって生産されることになるのです．

　このような生産要素と生産物の関係を式を使って表してみましょう．生産物を Q とし，生産要素を q_1, q_2 とします．ここでは，話を簡単にするために，生産要素は2種類とします．さきほどの紙の生産の話に当てはめると，たとえば，q_1 がパルプ，q_2 が生産設備，Q が紙ということになります．このように，2種類の生産要素から生産物が生み出される関係は，以下のように表されます．

$$Q = f(q_1, \ q_2) \tag{C.1}$$

(C.1)のような，生産要素と生産物の関係を表した式のことを**生産関数**とよんでいます．この節では，この生産関数について考えていきましょう．

　まず，生産要素と生産量の関係について考えてみます．生産要素を増加させていけば，生産量も増加していくと考えられますが，その増加の仕方はどのようになるでしょうか．たとえば，すべての生産要素の量を倍にすれば生産量も倍になるのでしょうか．この増加の仕方については，以下の3つの場合が考えられます．

　すべての生産要素の量を2倍にすることを考えましょう．このとき，まず考えられることは，生産量もちょうど2倍になるということです．この状況は，(C.1)の生産関数を使って次のように表されます．

$$2Q = f(2q_1, 2q_2) \tag{C.2}$$

(C.2)のように，すべての生産要素をある定数倍にしたときに，生産物も同じ定数倍だけ増加する場合を**規模に関して収穫一定**とよんでいます．

　次に考えられることは，生産量はもとの生産量の2倍未満にしかならないということです．この状況は，次のように表されます．

$$2Q > f(2q_1, 2q_2) \tag{C.3}$$

(C.3)のように，すべての生産要素をある定数倍にしたときに，生産物はその定数倍未満にしかならない場合を**規模に関して収穫逓減**とよんでいます．

　最後に考えられることは，生産量はもとの生産量の2倍よりも多くなるということです．この状況は，次のように表されます．

$$2Q < f(2q_1, 2q_2) \tag{C.4}$$

(C.4)のように，すべての生産要素をある定数倍にしたときに生産物はその定数倍よりも多くなる場合を**規模に関して収穫逓増**とよんでいます．

　それでは，(C.1)を具体的に表した例を使って，規模に関する収穫について確認してみましょう．

具体例 C-1

経済分析では，以下の形をした生産関数がよく使われます．

$$Y = AK^\alpha L^{1-\alpha} \tag{C.5}$$

Y：生産量，K：資本，L：労働，α：正の定数 $(0 < \alpha < 1)$

使っている記号が異なっているので，(C.1)と(C.5)の記号を対応させておきましょう．(C.1)では生産量が Q で表されていましたが，(C.5)では Y で表されています．また，(C.1)では2つの生産要素 (パルプと生産設備) がそれぞれ q_1, q_2 で表されていましたが，(C.5)では2つの生産要素 (資本と労働) が K と L でそれぞれ表されています．

この生産関数は**コブ＝ダグラス型生産関数**とよばれるものです．ここで，資本 K とは生産設備のことと考えてください．すなわち，(C.5)では，生産設備と労働力を使って生産物を生産している状況が表されているのです．

それでは，(C.5)の右辺にある資本 K と労働 L をそれぞれ2倍にして，式を整理してみましょう．

$$\begin{aligned}
A(2K)^\alpha(2L)^{1-\alpha} &= A2^\alpha K^\alpha 2^{1-\alpha} L^{1-\alpha} \\
&= 2^{\alpha+(1-\alpha)} AK^\alpha L^{1-\alpha} \\
&= 2AK^\alpha L^{1-\alpha} \\
&= 2Y \quad (\because (C.5)より) \tag{C.6}
\end{aligned}$$

(C.6)から明らかですが，資本と労働をそれぞれ2倍にすることで，生産量もちょうど2倍になっています．このことから，コブ＝ダグラス型生産関数は規模に関して収穫一定であることがわかります．

C.2　限界生産力

　C.1節では，すべての生産要素を同時に，同じ定数倍だけ増加させたときに，生産量がどのように変化するかについて考えましたが，この節では，ある１つの生産要素と生産量の関係について考えていきます．C.1節では，紙の生産量とパルプ，および，生産設備の関係について考え，パルプの量と生産設備の規模を同時に２倍にしたときの紙の生産量の変化について考えましたが，今度は，ある規模の生産設備が最初から設置されているとして，紙の生産量とパルプの量の関係について考えていきます．

　生産要素としてのパルプと生産物としての紙の関係を考えますので，パルプを x，紙を Q として，紙の生産関数を次のように表しましょう．

$$Q = f(x) \tag{C.7}$$

そして，(C.7)で表された生産関数が**図C-1**の上図のように描かれるとしましょう．

　図C-1の上図は，パルプの投入量と紙の生産量の関係を表しています．たとえば，パルプの投入量が１のときは紙の生産量が Q_1，パルプの投入量が２のときは紙の生産量が Q_2，…，という関係を表しているのです．

　パルプの投入量がゼロのときは（当たり前ですが）紙の生産量もゼロです．パルプの投入量をゼロから１に増加させるとき，紙の生産量もゼロから Q_1 に増加しています．すなわち，パルプを１単位増加させることで，生産量は Q_1 単位増加しているのです．生産要素を１単位増加させることで生産量は何単位か増加することになりますが，このような，生産要素１単位あたりの生産量の増加分のことを**限界生産力**とよんでいます．

　図C-1の下図はパルプの投入量とパルプの限界生産力の関係を表していま

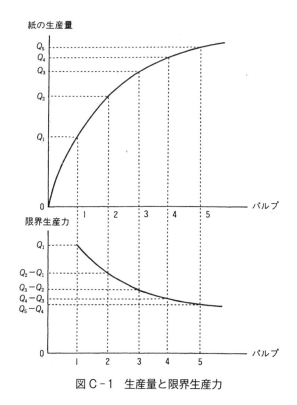

図 C - 1　生産量と限界生産力

すが，パルプの投入量をゼロから1単位増加させると，紙の生産量はゼロから Q_1 単位に増加していますので，このときの限界生産力は Q_1 になります．このことから，パルプの投入量が1単位のときの限界生産力が Q_1 になっているのです．

　次に，パルプの投入量が1単位から2単位に増加するとき，生産量は Q_1 から Q_2 に増加していますので，パルプを1単位増加させることで生産量は $Q_2 - Q_1$ 単位増加しています．すなわち，パルプの投入量が2単位のときの限界生産力は $Q_2 - Q_1$ になっているのです．

　同様に考えて，パルプの投入量が2単位から3単位に増加するとき，生産量

は Q_2 から Q_3 に増加していますので，投入量が 3 単位のときの限界生産力は $Q_3 - Q_2$ になっています．以下，パルプの投入量が 4 単位のときの限界生産力は $Q_4 - Q_3$, 投入量が 5 単位のときの限界生産力は $Q_5 - Q_4$ となっていきます．

　図 C - 1 の下図から明らかなように，限界生産力は生産量の増加とともに減少してきます．これを**限界生産力逓減の法則**とよんでいます．

具体例 C-2

　先ほどのコブ＝ダグラス型生産関数 (C.5) を使って，限界生産力を実際に計算してみましょう．限界生産力とは，生産要素を 1 単位増加させたとき，生産量が何単位増加するかを表したものでしたが，この考え方は，補論Aの A.2 節で出てきた限界効用の考え方と同じです．したがって，補論Aの A.2 節で限界効用の計算をおこなったように，生産関数を微分することで限界生産力を求めることができるのです．

　(C.5) には 2 つの変数 (資本 K, 労働 L) が入っていますので，補論A，A.4 節の具体例 A-1 でみたように，それぞれの変数について偏微分をおこないます．

$$
\begin{aligned}
資本\ K\ の限界生産力 &= \frac{\partial Y}{\partial K} \\
&= A\alpha K^{\alpha-1} L^{1-\alpha} \\
&= \alpha A K^{-(1-\alpha)} L^{1-\alpha} \\
&= \alpha A \frac{1}{K^{1-\alpha}} L^{1-\alpha} \\
&= \alpha A \left(\frac{L}{K}\right)^{1-\alpha}
\end{aligned}
\tag{C.8}
$$

$$\text{労働 } L \text{ の限界生産力} = \frac{\partial Y}{\partial L}$$

$$= AK^\alpha(1-\alpha)L^{1-\alpha-1}$$

$$= (1-\alpha)AK^\alpha L^{-\alpha}$$

$$= (1-\alpha)AK^\alpha \frac{1}{L^\alpha}$$

$$= (1-\alpha)A\left(\frac{K}{L}\right)^\alpha \tag{C.9}$$

少し複雑な形をしていますが，資本 K の限界生産力，および，労働 L の限界生産力をそれぞれ(C.8)，(C.9)のように求めることができました．

この具体例に入る前に，限界生産力逓減の法則について確認しましたが，(C.8)，(C.9)より，この法則が成立することを確認することができます．

(C.8)の分母にある K を増加させていくと，資本の限界生産力を表した(C.8)の値はどうなっていくでしょうか．分母の値が大きくなっていくので，(C.8)の値は小さくなっていきます．すなわち，限界生産力逓減の法則が成り立つのです．同様に，(C.9)の分母にある L を増加させていくと，労働の限界生産力を表した(C.9)の値はどうなっていくでしょうか．分母の値が大きくなっていくので，(C.9)の値もやはり小さくなっていきます．すなわち，限界生産力逓減の法則が同様に成り立っているのです．

C.3 等生産量曲線

C.2節では，パルプと生産設備を使って紙を生産することを考えましたが，この節では，工業ロボットと作業員によって，生産ラインで自動車が生産されている状況を考えることにします．

いま，生産ライン上に工業ロボットが20台，作業員が20人それぞれ配置さ

れており，月に 100 台の自動車が生産されているとしましょう．そして，工業ロボットが故障したときは作業員の人数を増やし，逆に，作業員が病気などをしたときには工業ロボットの台数を増やすことで対応するとします．

　このような，月 100 台の生産量を維持するための，工業ロボットと作業員の組合せを**図 C‒2** で表してみましょう．工業ロボット 20 台と作業員 20 人で生産がおこなわれているのですが (*A* 点)，工業ロボットが故障して，作業員の人数を増やすことにしたとしましょう．工業ロボットが 1 台故障したときは，作業員を 2 人増やすことにします (*B* 点)．もう 1 台故障して 2 台目の故障がでたときは作業員を 3 人追加することにします (*C* 点)．そして，工業ロボットの代わりに作業員が生産ラインに配置されることで，月に 100 台の生産量が維持されるとしましょう．

　作業員が病気などをしたときは逆のことが起こります．作業員の人数の減少に対して工業ロボットの数を増やしていかなければなりません．**図 C‒2** では，*D* 点や *E* 点がその状況を表しています．

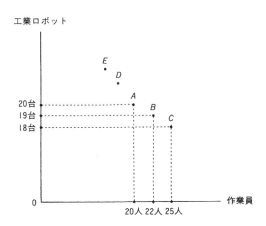

図 C‒2　生産量を維持するための組み合わせ

月100台の生産量を維持するための，工業ロボットと作業員の組み合わせは他にもたくさんあると考えられます．そのような組み合わせをたくさん考え，組合せを表した点を結んでいくと，**図C-3**のような曲線が出てきます．この曲線は，1ヶ月に100台の自動車を生産するための，工業ロボットと作業員の組合せを表しています．この曲線上のどの点も，月100台の自動車に対応してい

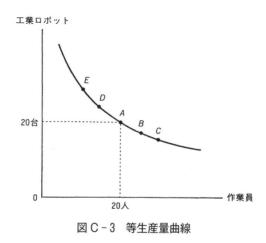

図C-3　等生産量曲線

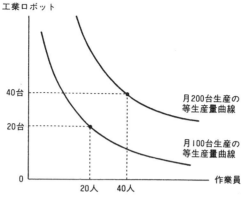

図C-4　生産量の異なる等生産量曲線

ますが，このような曲線を同じ生産量に対応する曲線という意味で**等生産量曲線**とよんでいます.

それでは，1ヶ月に200台の自動車を生産するための，工業ロボットと作業員の組合せはどうなるでしょうか. たとえば，工業ロボットの数と作業員の数をそれぞれ倍にしたとすると，自動車の生産関数が規模に関して収穫一定であれば，自動車の生産台数も倍になります. **図C-4**には，この場合の等生産量曲線が示されています.

C.4　等費用曲線

生産をおこなうためには，生産要素が必要ですが，C.3節では，自動車の生産をおこなうための生産要素として，工業ロボットと作業員を考えていました. この節では，これらの生産要素にかかる費用について考えてみましょう.

工業ロボットには，購入するにせよ，リースで導入するにせよ，1台につき一定の費用がかかります. これを P_y で表すことにし，工業ロボットの台数を Y で表すことにしましょう. 同様に，作業員に対しても給料を支払わなければなりません. 作業員1人あたりの給料を P_x で表すことにし，作業員の人数を X で表すことにしましょう.

工業ロボットにかかる費用と作業員への給料支払いの合計額が，生産要素にかかる費用になります. これを記号 C で表すことにすると，C は次式のように表されます.

$$C = P_x X + P_y Y \tag{C.10}$$

ここで，生産要素にかけられる費用が，あらかじめ一定値に決められているとし，C が定数であるとしましょう. そして，(C.10)を Y について整理すると次式のようになります.

$$Y = -\frac{P_x}{P_y}X + \frac{C}{P_y} \qquad\qquad (\text{C}.11)$$

(C.11)を図示すると，図 C - 5 のように描かれますが，費用 C が定数なので切片 $\frac{C}{P_y}$ もある定数になります．図 C - 5 は，決められた費用の大きさのもとで，購入可能な生産要素の組合せを表しています．

　ここで，生産要素に使える費用 C の大きさを変化させることを考えましょう．使える費用が限られてしまい，たとえば，$\underline{C}$ の水準まで下がったとしましょう．このとき，工業ロボットの費用や作業員の給料は変化していませんので，図では，変化するのは記号 C が入っている切片だけになります．切片は $\frac{C}{P_y}$ と表されますが，もとの切片より下方に位置することになりますので，等費用曲線は下方に平行移動することになります．

　逆に，使える費用を増やすことが可能で，たとえば，$\overline{C}$ の水準まで上がったとしましょう．この場合は，切片がもとの位置より上方に位置することになり，等費用曲線は上方に平行移動することになります．図 C - 6 は，これらのことを示しています．

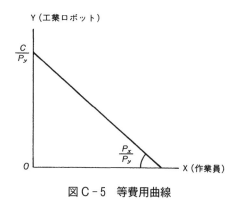

図 C - 5　等費用曲線

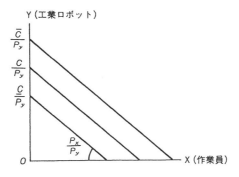

図 C‑6　異なった費用に対応する等費用曲線

C.5　費用最小化

この節では，図 C‑4 と図 C‑6 を使って，生産量と費用の関係について考えてみます．図 C‑7 のように，月 100 台の生産に対応する等生産量曲線が費用 $\underline{C}$ に対応する等費用曲線と接しているような状況を想定します．

企業は利潤を最大にすることを目的として生産活動をおこないますので，生

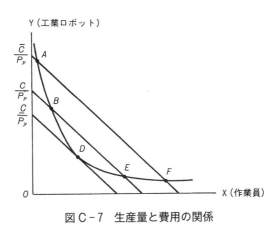

図 C‑7　生産量と費用の関係

産にかかる費用はできるだけ小さくしようとします．すなわち，同じ生産量を
実現しようとするのであれば，できるだけ安い費用で実現しようとするのです．
このことを，**図C-7**を使って考えていきましょう．

　図C-7に描かれている等生産量曲線は，月100台の自動車生産に対応した
曲線です．図に示されているように，A点〜F点の5つの点で，それぞれ月
100台の生産を実現することができます．しかし，生産にかかる費用はそれぞ
れの点で異なってきます．A点（もしくはF点）で生産をおこなうのであれば，
かかる費用は$\overline{C}$になります．同様に，B点（もしくはE点）で生産をおこなえば
Cの費用がかかることになります．さらに，D点で生産をおこなえば$\underline{C}$の費用
がかかることになります．$\underline{C} < C < \overline{C}$であることを鑑みると，自動車を月に
100台生産するのであれば，企業は，かかる費用が最小となるD点で生産をお
こなうことになるでしょう．

　企業は，常にD点のような点を選ぶことができれば，生産にかかる費用を最
小化できることになります．そのためには，D点のような点で成立している条
件を明らかにしなければなりません．条件を確認することができれば，その条
件が満たされるように生産をおこなえばよいのです．

　D点では，等費用曲線と等生産量曲線が接しています．**図C-6**で確認しま
したが，等費用曲線の傾きは生産要素の価格比になっています．それでは，等
生産量曲線の接線の傾きは何を表しているでしょうか．

C.6　技術的限界代替率

　図C-2，**図C-3**では，等生産量曲線を導出しましたが，ここでもう一度，
図C-3を使いながら，等生産量曲線上での移動について考えてみましょう．

　たとえば，A点からB点への移動は，工業ロボットが1台故障したため，そ
の代わりに，作業員を2人増やすことから起こる移動でした．そして，A点

から B 点への移動によって生産量は変化しませんでした．このように，一方の生産要素（ここでは，工業ロボット）を減少させ，もう一方の生産要素（ここでは，作業員）を増加させることで生産量を変化させないように等生産量曲線上を移動するとき，増加させた生産要素の量と減少させた生産要素の量の比 $\left(\frac{減少させた生産要素の量}{増加させた生産要素の量} \right)$ のことを**技術的限界代替率**とよんでいます．

それでは**図C-8**を使って，この技術的限界代替率を図を使って表してみましょう．A 点から B 点への移動について，まず考えてみましょう．この移動は等生産量曲線上の移動ですので生産量は変化しません．しかし，この移動によって工業ロボットは1台減少し（図の AA' の部分），作業員は2人増加しています（図の $A'B$ の部分）．したがって，この移動における技術的限界代替率は $\frac{減少させた生産要素の量}{増加させた生産要素の量} = \frac{AA'}{A'B}$ という比率で表されます．

同様に，B 点から C 点への移動についても考えてみましょう．この移動によっても生産量は変化しません．しかし，工業ロボットは1台減少し（図の BB' の部分），作業員は3人増加しています（図の $B'C$ の部分）．この移動における技術的限界代替率は $\frac{BB'}{B'C}$ という比率で表されます．

それぞれの技術的限界代替率についてもう少し考えてみましょう．A 点から

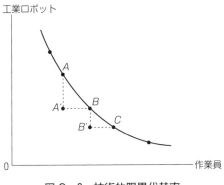

図C-8　技術的限界代替率

B 点への移動については，3 つの点 A，A'，B から三角形 $AA'B$ を作ることができますが，この三角形を使って，技術的限界代替率についてもう一度考えてみることにします．

　A 点から B 点への移動については，技術的限界代替率は $\dfrac{AA'}{A'B}$ という比率で表されましたが，三角形 $AA'B$ を使って技術的限界代替率を考えると，この比率は $\dfrac{\text{三角形 } AA'B \text{ の高さ}}{\text{三角形 } AA'B \text{ の底辺}}$ という比率を表していることになります．$\dfrac{\text{三角形 } AA'B \text{ の高さ}}{\text{三角形 } AA'B \text{ の底辺}}$ は，三角形 $AA'B$ の斜辺の傾きの大きさを表していますので，A 点から B 点へ移動するときの技術的限界代替率は，三角形 $AA'B$ の斜辺がつくる角度の大きさで表されることになります．

　同様のことを，B 点から C 点への移動についても考えてみましょう．B 点から C 点への移動についても，技術的限界代替率は $\dfrac{BB'}{B'C}$ という比率で表されていましたが，三角形 $BB'C$ を使って技術的限界代替率を考えると，この比率は $\dfrac{\text{三角形 } BB'C \text{ の高さ}}{\text{三角形 } BB'C \text{ の底辺}}$ という比率を表していることになります．$\dfrac{\text{三角形 } BB'C \text{ の高さ}}{\text{三角形 } BB'C \text{ の底辺}}$ は，三角形 $BB'C$ の斜辺の傾きの大きさを表していますので，B 点から C 点へ移動するときの技術的限界代替率は，三角形 $BB'C$ の斜辺がつくる角度の大きさで表されることになります．

　このように，等生産量曲線上の 2 つの点を取り上げて，一方の点からもう一方の点へ移動することを考えるとき，技術的限界代替率は，2 つの点を結んだ直線を斜辺とする三角形の，斜辺の傾きの大きさで表されることになるのです．

　したがって，等生産量曲線上のさまざまな移動に対して技術的限界代替率を考えることができますが，次のような状況を考えた場合，技術的限界代替率はどのように表されるでしょうか．たとえば，ある点では，工業ロボットを数百台使用しており，作業員も数百人働いているとします．このように，非常に多

くの工業ロボットと作業員が存在している場合も，工業ロボットが1台減少したとき生産量を変化させないためには，作業員を2人増加させればよいとしましょう．この場合も**図C-8**に描かれたような三角形を考えることはできますが，その三角形は非常に小さなものとなり，少なくとも肉眼では一点にしか見えないかもしれません．

　このような状況になってしまうと三角形を描くことができないため，三角形の斜辺の傾きの大きさを考えることができません．このようなとき，技術的限界代替率をどのように表せばよいのでしょうか．補論Aの**図A-2**で考察したことを思い出しましょう．

　肉眼では一点にしか見えなくなった点を拡大して見てみましょう．一点にしか見えなくなった点をA点とし，**図C-9**ではA点の周辺の拡大図が表されています．

　肉眼では一点にしか見えなかったA点も，拡大してみると**図C-9**のように，A点とB点の2つの点に分かれているとしましょう．このとき，技術的限界代替率は$\dfrac{BC}{AC}$と表され，三角形ABCの斜辺ABの傾きの大きさとして表されます．

　ここでは，A点には工業ロボットが数百台と作業員が数百人いる状況を想定

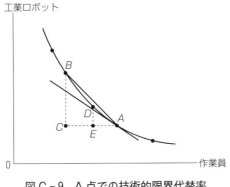

図C-9　A点での技術的限界代替率

していますが，工業ロボットと作業員の数がさらに増加して，それぞれが数千台，数千人になったとしましょう．このとき，工業ロボットを 1 台減らして作業員を 2 人増やすことを**図 C - 9**で考えると，B 点は D 点のような点に移動し，三角形は ABC から ADE のように小さくなるでしょう．

　工業ロボットと作業員の数がどんどん増えていき，三角形（三角形 ABC や三角形 ADE）がどんどん小さくなっていくことを考えてみましょう．このとき，技術的限界代替率は，斜辺 AB の傾きの大きさ，斜辺 AD の傾きの大きさというように変化していきますが，三角形が小さくなるにつれて，三角形の斜辺は A 点の接線に近づいています．三角形がどんどん小さくなっていくと，その斜辺は A 点の接線にほぼ重なってくるでしょう．

　すなわち，三角形がどんどん小さくなり，やがて一点にしか見えなくなったときには，技術的限界代替率は，その点を通る接線の傾きの大きさで表されることになるのです．このことを使って，次の節では，費用最小点で成立している条件について考えていくことにします．

C.7　費用最小点で成立する条件

　図 C‑7の D 点は費用最小点でしたが，このような点ではどのような条件が成立しているのでしょうか．もし，費用最小点で成立している条件を求めることができれば，その条件を使って，計算によって費用最小点を求めることができるでしょう．

　このことを考えるために，もう一度，等費用曲線について振り返りましょう．ある決められた大きさの費用のもとで，工業ロボットと作業員によって生産をおこなうときの等費用曲線は**図 C‑5**で表されていましたが，そこでは，ある大きさの費用 C のもとで，1 台 P_y の費用がかかる工業ロボットと 1 人 P_x の給料を支払う作業員を，両者にかかる費用の合計がちょうど C になるように

雇用することを考えていました．そして，費用を表した式をもとに等費用曲線を描きました．

$$Y = -\frac{P_x}{P_y}X + \frac{C}{P_y} \tag{C.12}$$

(C.12)は，(4.11)を再掲したものですが，右辺第1項の X の係数に注目してみましょう．X の係数は（マイナスを省略すると）$\dfrac{\text{作業員1人の給料}}{\text{工業ロボット1台の費用}}$ $= \dfrac{P_x}{P_y}$ となっていますが，これは工業ロボットと作業員の**要素価格比**を表しており，図C-10では等費用曲線の傾きの大きさとして表されています．

　図C-7，図C-8，および，図C-9で技術的限界代替率について確認したこと（技術的限界代替率は等生産量曲線の接線の傾きで表される）を使って，費用最小点で成立する条件について考えてみましょう．そのために，図C-8と図C-10を合わせます．

　図C-11から費用最小点である D 点で成立している条件について考えてみましょう．D 点では，等生産量曲線と等費用曲線が接していますので，等費用曲線は，D 点での等生産量曲線の接線を表しているとみることができます．図

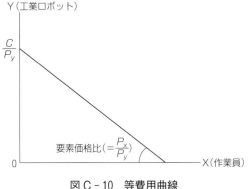

図C-10　等費用曲線

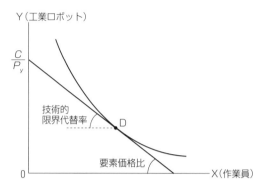

図 C‑11　費用最小点での要素価格比と限界代替率の関係

C‑9 で確認したように，等生産量曲線の接線の傾きは技術的限界代替率を表しています．すなわち，*D* 点での等費用曲線の傾きは技術的限界代替率を表しているのです．

　一方，図 C‑10 で確認したように，等費用曲線の傾きは要素価格比を表しています．図 C‑11 からも確認することができますが，以上のことから，費用最小点においては，技術的限界代替率と要素価格比が等しくなっているのです．これが，費用最小点で成立している条件です．

　ここで，技術的限界代替率が意味していることについてもう一度考えてみるために，図 C‑8 にもどります．図 C‑12 は図 C‑8 を再掲したものです．

　A 点から *B* 点への移動においては，生産量が変化しない一方で，工業ロボットの台数は *AA′* だけ減少し，作業員の人数は *A′B* だけ増加しました．これは，生産量を変化させないために，工業ロボットの減少によって生産量が減少する分を，作業員の増加による生産量の増加によって相殺しようとしているためでした．

　このことを，限界生産力を使って考えてみましょう．まず，工業ロボットの台数が *AA′* だけ減少したときの生産量の減少分はどうなるでしょうか．これは，工業ロボットの限界生産力にその減少分をかけることで求めることができます．

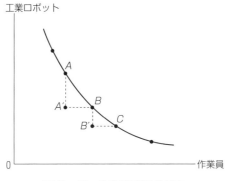

図 C - 12　技術的限界代替率

なぜなら，限界生産力は，生産要素が 1 単位変化したときの生産量の変化の大きさを表していたからです．すなわち，限界生産力に減少分をかけることで，工業ロボットの減少した台数に対応する生産量の減少分を求めることができるのです．同様に考えることで，作業員の増加による生産量の増加分も求めることができます．作業員の限界生産力にその増加人数をかければよいのです．

　以上のことから，A 点から B 点への移動においては以下の関係が成立していることになります．

工業ロボットの限界生産力 × 工業ロボットの減少台数
= 作業員の限界生産力×作業員の増加人数

この式を少し変形すれば次のようになります．

$$\frac{\text{工業ロボットの減少台数}}{\text{作業員の増加人数}} = \frac{\text{作業員の限界生産力}}{\text{工業ロボットの限界生産力}} \quad (\text{C}.13)$$

　(C.13)の左辺は何を表しているでしょうか．図 C - 12 から明らかですが，これは技術的限界代替率を表しています．すなわち，(C.13)は次式のようにも書くことができるのです．

$$限界代替率 = \frac{作業員の限界生産力}{工業ロボットの限界生産力} \tag{C.14}$$

さらに，**図 C‑11** に立ち返ってみましょう．**図 C‑11** より，費用最小点では，技術的限界代替率は要素価格比 $\left(= \dfrac{作業員の給料}{工業ロボットの費用} \right)$ に等しくなっていました．このことを(C.14)に代入して整理すると，最終的に次式のようになります．

$$\frac{工業ロボットの限界生産力}{工業ロボットの要素価格} = \frac{作業員の限界生産力}{作業員の要素価格} \tag{C.15}$$

すなわち，それぞれの限界生産力をそれぞれの要素価格で割ったものが等しくなっているのです．費用最小点では，いつも(C.15)のような条件が成立しているのですが，この条件は要素価格で加重された**限界生産力均等の法則**とよばれています．ここで，要素価格で「加重する」とは，要素価格で「割る」という意味です．

それでは，(C.15)を使って，実際に費用最小点を求めてみましょう．

具体例 C-3

ある企業が，次のようなコブ＝ダグラス型生産関数によって生産活動をおこなっているとします．

$$Y = K^{\frac{3}{4}} L^{\frac{1}{4}} \tag{C.16}$$

また，資本 K のレンタル率は3，労働 L の賃金率は1とします．ここで，資本のレンタル率とは，さきほどの話ででてきた工業ロボットの話に当てはめると，工業ロボット1台にかかる費用（購入費用，あるいは，リース費用など）のことです．このとき，この企業が生産物 Y を 20 だけ生産するのに，費用を最小にするためには資本と労働の量はそれぞれいくらにすればよいでしょうか．

この具体例を考えるために(C.15)を使いますが，そのためには，資本と労働

の限界生産力を求めておかなければなりません．それぞれの限界生産力は(C．8)，(C.9)と同様に計算して，次のようになります．

$$資本 K の限界生産力 = \frac{\partial Y}{\partial K}$$

$$= \frac{3}{4} K^{\frac{3}{4}-1} L^{\frac{1}{4}}$$

$$= \frac{3}{4} K^{-\frac{1}{4}} L^{\frac{1}{4}} \tag{C.17}$$

$$労働 L の限界生産力 = \frac{\partial Y}{\partial L}$$

$$= K^{\frac{3}{4}} \times \frac{1}{4} L^{\frac{1}{4}-1}$$

$$= \frac{1}{4} K^{\frac{3}{4}} L^{-\frac{3}{4}} \tag{C.18}$$

(C.17)と(C.18)は，それぞれ分数の形に整理することもできますが，次の計算のためにこのままにしておきます．

それでは，(C.15)に代入していきましょう．そのために，(C.15)を資本 K と労働 L を使った式に書き直しておきます．

$$\frac{資本 K の限界生産力}{資本 K の要素価格} = \frac{労働 L の限界生産力}{労働 L の要素価格} \tag{C.19}$$

(C.19)にそれぞれの式と値を代入します．なお，資本 K の要素価格とはレンタル率のことであり，労働 L の要素価格とは賃金率のことです．

$$\frac{\frac{3}{4} K^{-\frac{1}{4}} L^{\frac{1}{4}}}{3} = \frac{\frac{1}{4} K^{\frac{3}{4}} L^{-\frac{3}{4}}}{1} \tag{C.20}$$

(C.20)は少し複雑な形をしてい (るように見え) ますが，次のような計算プロセ

スで簡単な形に整理されます.

$$\frac{1}{3}\times\frac{3}{4}K^{-\frac{1}{4}}L^{\frac{1}{4}}=\frac{1}{4}K^{\frac{3}{4}}L^{-\frac{3}{4}}$$

まず両辺に 4 をかけます.

$$K^{-\frac{1}{4}}L^{\frac{1}{4}}=K^{\frac{3}{4}}L^{-\frac{3}{4}}$$

次に，K の指数を消去するために，両辺に $K^{\frac{1}{4}}$ をかけます.

$$K^{\frac{1}{4}}\times K^{-\frac{1}{4}}L^{\frac{1}{4}}=K^{\frac{1}{4}}\times K^{\frac{3}{4}}L^{-\frac{3}{4}}$$
$$K^{\frac{1}{4}-\frac{1}{4}}L^{\frac{1}{4}}=K^{\frac{1}{4}+\frac{3}{4}}L^{-\frac{3}{4}}$$
$$K^0 L^{\frac{1}{4}}=K^1 L^{-\frac{3}{4}}$$
$$1\times L^{\frac{1}{4}}=KL^{-\frac{3}{4}}$$

さらに，L の指数を消去するために，両辺に $L^{\frac{3}{4}}$ をかけます.

$$L^{\frac{3}{4}}\times L^{\frac{1}{4}}=K\times L^{\frac{3}{4}}\times L^{-\frac{3}{4}}$$
$$L^{\frac{3}{4}+\frac{1}{4}}=K\times L^{\frac{3}{4}-\frac{3}{4}}$$
$$L^1=K\times L^0$$
$$L=K\times 1$$

以上の計算によって，費用を最小にするためには，次の条件が成立すれば良いことになります.

$$L=K \tag{C.21}$$

　それでは，費用を最小にする資本 K と労働 L の量を求めましょう. ここで

は，生産量が 20 になるときを考えていますので，生産関数(C.16)より次の関係が示されます．

$$20 = K^{\frac{3}{4}} L^{\frac{1}{4}} \tag{C.22}$$

費用を最小にするためには，(C.21)の条件が成立すればよいので，(C.21)を(C.22)に代入します．

$$20 = K^{\frac{3}{4}} (K)^{\frac{1}{4}} \tag{C.23}$$

(C.23)を整理します．

$$20 = K^{\frac{3}{4}+\frac{1}{4}}$$
$$20 = K^1$$
$$\therefore K = 20$$

したがって，資本 K は 20 だけ使用すれば良いということになります．同時に，(C.21)より労働 L も 20 だけ雇えば，最小の費用で生産量を 20 にすることができるのです．

補論D 供給の弾力性について

D.1 供給の価格弾力性

ある製品の供給量は，図3−12で考えたように，利潤最大条件が成立している点で決定されます．そして，その製品の価格が変化しない限り，供給量も変化しません．しかしながら，価格はいつまでも変化しないでしょうか．むしろ，変化することの方が一般的でしょう．

製品の価格が変化することで，限界費用曲線との交点が変化しますので，供給量は変化します．この節では，補論Bと同様に，この変化について「変化率」という考え方を使って考えていきます．

変化率とは，XとYの間にある関係が存在するとき，Xが1パーセント変化したときYが何パーセント変化するかを表したものでした．Xを製品の価格，Yを製品の供給量とすると，製品の価格が1パーセント変化したとき，その供給量が何パーセント変化するかを考えることにします．

このように，製品の価格の変化率に対して，製品の供給量の変化率を考えたもののことを**供給の価格弾力性**とよんでいますが，これは分数を使って以下の

ように表されます.

$$\text{(製品の)供給の価格弾力性} = \frac{\text{製品の供給の変化率}}{\text{製品の価格の変化率}} \qquad \text{(D.1)}$$

(D.1)の分子・分母にある製品の供給の変化率,製品の価格の変化率を分数を使ってもう少し詳しく表すと以下のようになります.

$$\text{製品の供給の変化率} = \frac{\text{供給の変化分}}{\text{もとの供給}} \qquad \text{(D.2)}$$

$$\text{製品の価格の変化率} = \frac{\text{価格の変化分}}{\text{もとの価格}} \qquad \text{(D.3)}$$

(D.2)における「供給の変化分」とは「新しい供給量－もとの供給量」のことであり,(D.3)における「価格の変化分」とは「新しい価格－もとの価格」のことです.

　(D.2),(D.3)を(D.1)へ代入して整理すると,次のようになります.

$$\text{(製品の)供給の価格弾力性} = \frac{\text{供給の変化分}}{\text{価格の変化分}} \times \frac{\text{もとの価格}}{\text{もとの供給}}$$

$$\text{(D.4)}$$

以後の分析では,供給の価格弾力性を考えるときは(D.4)を使って考えていきます.

　それでは,(D.4)と供給曲線を使って,供給の価格弾力性を図を使って表すことを考えてみましょう.

　図D-1にはある製品の供給曲線が描かれており,この製品のもとの価格はP_Eで,もとの供給量はS_Eであったとします.そして,何らかの原因でこの製品の価格が上昇し,新しい価格が$P_{E'}$となり,それに対応して新しい供給量が

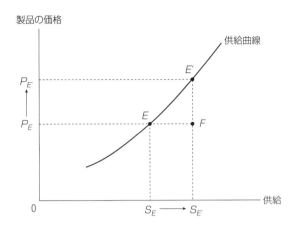

図D-1　供給曲線と供給の価格弾力性

$S_{E'}$ になったとします．このとき，(D.4)にもとづいて供給の価格弾力性を考えると，図D-1では，どの部分で表されるでしょうか．

　(D.4)の右辺にある「供給の変化分」，「価格の変化分」，「もとの価格」，「もとの供給」がそれぞれ図D-1のどの部分で表されるかをまず確認してみましょう．「もとの価格」は P_E ですので，図では OP_E の長さで表されます．同様に，「もとの供給」は S_E ですので OS_E の長さで表されます．

　次に，「供給の変化分」とは「新しい供給量－もとの供給量」でしたので，新しい供給量 $S_{E'}$ からもとの供給量 S_E を引いた値になります．すなわち，図D-1では $S_{E'}S_E$ の部分がそれに当たります．

　最後に，「価格の変化分」についてですが，これは「新しい価格－もとの価格」で表されますので，新しい価格 $P_{E'}$ からもとの価格 P_E を引いた値になります．すなわち，図D-1では $P_{E'}P_E$ の部分になります．

　以上のことを(D.4)に当てはめてみると，以下のようになります．

$$供給の価格弾力性 = \frac{S_{E'}S_E}{P_{E'}P_E} \times \frac{OP_E}{OS_E} \qquad \text{(D.5)}$$

したがって，供給の価格弾力性は，**図D-1**では(D.5)によって表されること
になるのです．

　図D-1のように，価格変化による供給の変化が供給曲線上の E 点から E'
点への移動で表される場合は，もとの価格，もとの供給，価格の変化分，供給
の変化分をそれぞれ考えることで，供給の価格弾力性を考えることができまし
た．しかし，価格の変化がほんのわずかで，E 点と E' 点がほとんど重なって
しまい，**図D-2**のように一点にしか見えない場合はどのように考えればよい
でしょうか．

　(D.5)をもう一度よく見てみましょう．(D.5)の右辺にある2つの分数の最
初の部分 $\frac{S_{E'}S_E}{P_{E'}P_E}$ は，**図D-1**使って確認してみると，$\frac{EF}{E'F}$ に対応していま
す．そして，$\frac{EF}{E'F}$ は，三角形 $EE'F$ の（E を頂点とした場合の）$\frac{高さ}{底辺}$ を表して
います．すなわち，斜辺 EE' の傾きの大きさを表しているのです．

　補論Bの**図B-2**で確認しましたように，2つの点 E，E' が重なってしまう

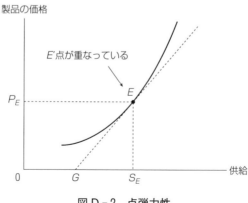

図D-2 点弾力性

（ほど近づいてしまう）と，三角形 $EE'F$ の斜辺 EE' の傾きの大きさは，**図 D - 2**に描かれているように E 点の接線 EG の傾きの大きさ（$\angle S_E EG$）で表されることになります．したがって，(D.5)の右辺にある 2 つの分数の最初の部分は，E 点の接線の傾きの大きさで表されることになるのです．

$$\frac{\text{供給の変化分}}{\text{価格の変化分}} = \frac{S_E G}{S_E E} \tag{D.6}$$

また，もとの価格は OP_E，もとの供給は OS_E ということになりますので，(D.5)に(D.6)とともに代入すると，次のようになります．

$$\text{供給の価格弾力性} = \frac{S_E G}{S_E E} \times \frac{OP_E}{OS_E} \tag{D.7}$$

ここで，$OP_E = S_E E$ であることに注意すると，(D.7)はさらに次のように変形できます．

$$
\begin{aligned}
\text{供給の価格弾力性} &= \frac{S_E G}{S_E E} \times \frac{OP_E}{OS_E} \\
&= \frac{S_E G}{S_E E} \times \frac{S_E E}{OS_E} \\
&= \frac{S_E G}{OS_E}
\end{aligned}
\tag{D.8}
$$

(D.8)より，**図 D - 2** のように 2 つの点が重なってしまった場合の供給の価格弾力性について重要なことが確認できます．このような場合には，E 点に引いた接線の横軸上の切片 G と原点 O の長さにもとづいて，供給の大きさ OS_E とその大きさから OG から引いた残りの部分 $S_E G$ の比によって供給の価格弾力性は表されているのです．

　このことを使って，供給曲線の傾きと点弾力性の関係を考えることができま

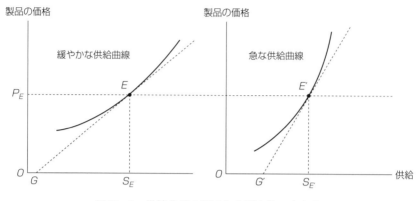

図 D - 3 供給曲線の傾きと点弾力性の大きさ

す. 図 D - 3 には，傾きの緩やかな供給曲線（左側）と傾きの急な供給曲線（右側）がそれぞれ描かれています.

この2つの図に，(D.8)によって表されている供給の価格弾力性の式を当てはめてみましょう. まず，左側の図では，供給の価格弾力性は $\dfrac{S_E G}{OS_E}$ で表されます. 一方，右側の図では $\dfrac{S'_E G'}{OS'_E}$ で表されます. どちらの方が，より大きな値をとるでしょうか. 明らかに，左側の傾きの緩やかな供給曲線の方が大きな値をとると考えられます. したがって，供給の価格弾力性は，傾きの緩やかな供給曲線の方が大きいということになるのです. これは，傾きの緩やかな供給曲線を想定した場合の方が，価格の上昇（あるいは下落）に対して供給が大きく減少（あるいは増加）するためです.

ここまでは図を使いながら，供給の価格弾力性についていろいろと考えてきましたが，その値を求めることは，まだやっていませんでした. そこで，ここからは(D.4)を使いながら，具体的な例によって実際に供給の価格弾力性の値を求めてみましょう.

具体例 D-1

　ある製品に 1000 円の価格がついており，そのときの供給量が 500 個であったとしましょう．この製品が販売されている市場の状況が変化し，価格が 1200 円に上がったとき，供給量が 700 個に増加したとしましょう．このとき，この製品の供給の価格弾力性はいくらになるでしょうか．

　まず，供給の価格弾力性を表す式をもう一度確認しましょう．供給の価格弾力性は(D.4)で表されていました．

$$供給の価格弾力性 = \frac{供給の変化分}{価格の変化分} \times \frac{もとの価格}{もとの供給} \qquad (D.4)$$

(D.4)の右辺の分子・分母にあるそれぞれの項には次のような値が入ることになります．

$$もとの価格 = 1000$$
$$もとの供給 = 500$$
$$供給の変化分 = 新しい供給 - もとの供給$$
$$= 700 - 500$$
$$= 200$$
$$価格の変化分 = 新しい価格 - もとの価格$$
$$= 1200 - 1000$$
$$= 200$$

これらのそれぞれの値を(D.4)に代入します．

$$供給の価格弾力性 = \frac{供給の変化分}{価格の変化分} \times \frac{もとの価格}{もとの供給}$$
$$= \frac{200}{200} \times \frac{1000}{500}$$

$$= 2$$

よって，この製品の供給の価格弾力性は 2 になります．価格が 1 パーセント変化したとき，この製品の供給は 2 パーセント変化するのです．

具体例 D-2

具体例 D-1 は，それぞれの項の値を直接(D.4)へ代入して計算する基本的なものでしたので，もう少し詳しい例について考えてみましょう．

ある製品の供給曲線が次のように示されているとします．

$$S = 8P \quad (S：供給量，P：価格) \tag{D.9}$$

このとき，次の 2 つのことを考えてみましょう．

(1) $P = 10$ のとき，供給の価格弾力性はいくらになるでしょうか．

(2) 需要曲線が $D = 210 - 6P$ （D：需要量）で示されているとき，市場均衡点におけるこの製品の供給の価格弾力性はいくらになるでしょうか．

(1)について：

まず，供給の価格弾力性を表す式を再度確認します．

$$供給の価格弾力性 = \frac{供給の変化分}{価格の変化分} \times \frac{もとの価格}{もとの供給} \tag{D.4}$$

ここで，考えたいことに合わせて(D.4)を変形していきます．「変化分」を「Δ（デルタ）」を使って表すと，(D.4)は次のように表されます．

$$供給の価格弾力性 = \frac{\Delta S}{\Delta P} \times \frac{P}{S} \tag{D.10}$$

(D.10)の右辺の分数 $\dfrac{\Delta S}{\Delta P}$ の部分に注目しましょう．「Δ」を「d」に置き換えると，この分数は $\dfrac{dS}{dP}$ と表されます．Δ は（単なる）変化分を表していますが，d は「微小な」変化分を表します．これは，（高校のときに習った）「微分」の計算を表すときの記述（S を y，P を x とおくと $\dfrac{dy}{dx}$ となります）によく似ています．

$\dfrac{供給の変化分}{価格の変化分}$ という記述は「価格の変化に対して供給がどれだけ変化するか」を表していますが，価格を x，供給を y に置き換えると「x の変化に対して y がどれだけ変化するか」ということになります．これは，微分の考え方と同じですので，記述がよく似ているだけでなく意味も同じことを表しているのです．

したがって，$\dfrac{\Delta S}{\Delta P}$ の部分は，供給 S を価格 P で微分したものを表していることになります．このことから，この部分を具体的に求めたいときには，供給曲線を表した式を価格で微分すればよいことになります．

それでは，供給曲線を表した(D.9)を価格 P で微分して，(D.10)の $\dfrac{\Delta S}{\Delta P}$ の部分を具体的に求めてみましょう．

$$\frac{dS}{dP} = 8 \times 1 \times P^{1-1} = 8 \times P^0 = 8 \times 1 = 8 \tag{D.11}$$

いま，$P = 10$ のときの供給の価格弾力性を求めようとしていますので，そのときの供給量を求めるために，供給曲線(D.9)に $P = 10$ を代入します．

$$S = 8P = 8 \times 10 = 80 \tag{D.12}$$

(D.11)，(D.12)，および，$P = 10$ を(D.4)に代入すれば供給の価格弾力性を求めることができます．

$$供給の価格弾力性 = \frac{\Delta S}{\Delta P} \times \frac{P}{S}$$

$$= 8 \times \frac{10}{80}$$

$$= \frac{80}{80}$$

$$= 1$$

したがって，この製品の価格が1パーセント変化するとき，供給も1パーセント変化することになるのです．

(2)について：

市場均衡点での供給の価格弾力性を求めようとしていますので，まず，供給曲線(D.9)($S = 8P$) と需要曲線 $D = 210 - 6P$ を連立方程式として解いて，市場均衡点を求めておきます．

$$\begin{cases} S = 8P \\ D = 210 - 6P \end{cases}$$

$S = D$ とおいて，この連立方程式を解くと $P = 15$，$S = 120$ になります．

　市場均衡点での均衡価格と均衡数量を求めることができましたので，(D.10)に，(D.11)，$P = 15$，$S = 120$ を代入すれば供給の価格弾力性の値を求めることができます．

$$供給の価格弾力性 = \frac{\Delta S}{\Delta P} \times \frac{P}{S}$$

$$= 8 \times \frac{15}{120}$$

$$= \frac{120}{120}$$

$$= 1$$

したがって，市場均衡点で，この製品の価格が1パーセント変化したとき，供給も1パーセント変化することになるのです．

第4章	市場分析の基本

　第2章および補論Aでは消費行動について分析をおこないましたが，最適消費点に関する分析を中心におこない，財への需要がどのように決定されているかについて分析をおこないました．第3章および補論Cでは生産行動について分析をおこないましたが，利潤を最大にするための条件，あるいは費用を最小にするための条件について分析をおこないました．そして，財の供給がどのように決定されるかについて分析をおこないました．

　このように，ここまでは需要と供給をそれぞれ別々に分析してきましたが，本章では，需要と供給が出会う市場について考えていくことにします．市場については**完全競争市場**を前提として分析を進めます．

　そこで，まず4.1節で完全競争市場とは何かについて確認します．完全競争市場とは，簡単に述べると，同種の生産物が生産され，無数の売り手と買い手がそれぞれ市場の状況について十分な知識をもっており，自由に市場への参入や退出をおこなっているような市場のことです．

　このような市場を前提にしながら，4.2節では，市場での価格が均衡での価格と一致していない場合，すなわち，現行価格で需要と供給が一致していない場合には，価格の調整作用によって需要と供給を一致させようとする力が働き，

市場が均衡を実現する方向に動いていこうとする力が働くことを確認します．これは，**ワルラス的安定**とよばれている状況です．

　次に4.3節では，市場で取り引きされる数量が均衡での数量と一致していない場合，すなわち，現行の取引数量では**需要価格**と**供給価格**が一致していない場合には，数量の調整作用によって需要価格と供給価格を一致させようとする力が働き，市場が均衡を実現する方向に動いていこうとする力が働くことを確認します．これは，**マーシャル的安定**とよばれている状況です．

　4.2節，4.3節の分析では，市場に均衡を実現する力が働くことを確認しますが，均衡を実現するプロセスについては触れていません．そこで，4.4節では，このプロセスについて，**くもの巣理論**をもちいながら考えていきます．

　市場の均衡について考えた後は，なぜ人々が市場で取引をするのかということを，**余剰**の考え方をもちいながら，4.5節で考えていきます．そして，消費者と生産者が個別に交渉して取り引きをおこなうよりも，市場を通じて取引をおこなった方がそれぞれにとって有益であることを明らかにしていきます．

　最後に，4.6節では，政府が税金を徴収するときに余剰がどのように変化するかについて考えていきます．

4.1 完全競争市場

　この節では，本章での分析の対象となる**完全競争市場**を紹介します．一般に市場とは，財の取引をおこなうために消費者と生産者が集まってくる場所のことをいいますが，完全競争市場という場合には，次のようないくつかの条件を満たす市場のことを指しています．

　1つ目の条件は，次のようなことです．市場にはたくさんの消費者とたくさんの生産者が存在していますが，特に，完全競争市場という場合には，無数の消費者と無数の生産者が存在していることを想定します．無数に存在している

場合は，1人1人の消費者や生産者は市場に対してまったく影響を与えることができません．たとえば，ある消費者が財を購入することをやめても，その財への需要全体にはまったく影響がないということです．同様に，ある生産者が財の生産を中止しても，その財の供給全体にはまったく影響がないということです．

2つ目の条件は，次のようなことです．完全競争市場に存在している無数の消費者と無数の生産者はそれぞれ，市場で取り引きされている財の価格について完全な知識をもっていると想定します．すなわち，すべての店の値札を消費者も生産者も知っているということです．

3つ目の条件は，次のようなことです．完全競争市場で取り引きされている財はすべて，形や質について均一で，まったく同種のものであることを想定します．すなわち，この市場で取り引きされる財は，どれを取ってもまったく同じであることを想定しているのです．

4つ目の条件は，次のようなことです．完全競争市場への市場参入者 (消費者・生産者) は，いつでも財の取引をやめることができ，また，いつでも財の取引に参加できることを想定します．これは，参入・退出の自由といわれる条件です．

これらの条件がすべて満たされているような市場のことを完全競争市場とよんでいます．それでは，次節以降，この完全競争市場の分析を進めていきましょう．

4.2　価格による調整

第2章の2.6節では，価格変化による最適消費点の変化を考えることで需要曲線を導き出しました．この需要曲線より，価格水準に応じた財への需要量を求めることができます．また，第3章の3.6節では，利潤最大条件と限界費用

曲線から供給曲線を導き出しました．この供給曲線より，価格水準に応じた財
の供給量を求めることができます．

　このように，価格水準に応じて需要量と供給量がそれぞれ決まることになり
ますが，需要量が供給量を下回ってしまうと売れ残りがでてきて，生産者は困
ることになります．逆に，需要量が供給量を上回ってしまうと品不足となり，
消費者は困ることになります．どうすれば，このような状況を避けることがで
きるでしょうか．

　需要曲線と供給曲線より，それぞれの価格水準に対して，それに対応する需
要量と供給量が決定されることになります．したがって，価格水準をうまく設
定することで，売れ残りがでてきたり，品不足になったりすることがないよう
にできれば，消費者や生産者が困る状況に陥ることはなくなるでしょう．

　それでは，誰がこの重要な役割を担っているのでしょうか．誰がうまく価格
水準を決定するのでしょうか．この重要な役割を担っているのが**市場**なのです．
ある財の市場とは，その財を買い求めにやってきたたくさんの消費者と，その
財を生産して供給をおこなうたくさんの生産者が出会う場所です．しかしなが
ら，1人1人の消費者と1人1人の生産者が個別に取引をおこなうわけではあ
りません．

　第2章の2.6節で考えたように，市場へやってきたたくさんの消費者は1本
の需要曲線にまとめられます．また，たくさんの生産者も，第3章の3.6節で
考えたように，1本の供給曲線にまとめられます．そして，縦軸に価格，横軸
に需要量および供給量を測って，この需要曲線と供給曲線を同じ座標上に描く
と**図4-1**のようになります．

　図4-1の，縦軸上の価格水準 P_E に注目しましょう．価格が P_E の水準にな
るように調整されたならば，需要曲線より需要量は D_E になります．また，供
給曲線より供給量も S_E になります．このとき，$D_E = S_E$ となり，需要量と供
給量が一致していれば，売れ残りがでてきたり，品不足になったりすることが

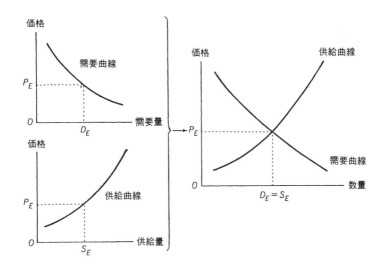

図4-1　需要曲線と供給曲線

なくなり，消費者や生産者が困る状況は出現しなくなります．このことから，2つの曲線の交点（E点）では，市場は**均衡**していることになります．

　それでは，価格はP_Eの水準になるようにいつも調整されるのでしょうか．このことについて考えるために，**図4-2**のように，価格がP_Eより高いP_1の水準に設定されたとしましょう．このとき，需要量はD_1となり，供給量はS_1となりますが，**図4-2**から明らかなように$D_1 < S_1$ですので，$S_1 - D_1$分だけ売れ残りがでてくることになります．売れ残りがでてくることは生産者にとって困った状況ですので，この状況を打開するために値下げをおこなうことになります．売れ残りがでてくる状況に対応するために，生産者が供給量を調整することも考えられますが，ここでは，価格調整によってのみ対応することを考えます．価格を下げることで需要量を増加させ，売れ残りを解消していくためです．その結果，価格はP_1の水準から下がっていくことになります．

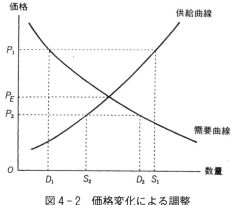

図4-2 価格変化による調整

　それでは，価格はどの水準まで下がるのでしょうか．売れ残りがでてくるか
ぎり，生産者は値下げをおこない続けるでしょう．そして，売れ残りがでてこ
なくなった時点で値下げをやめることになりますが，それは価格が P_E の水準
まで下がり，需要量と供給量が一致したときでしょう．その後は，価格は P_E
の水準にとどまることになります．

　次に，逆の場合として，価格が P_E より低い P_2 の水準に設定されたとしま
しょう．このとき，需要量は D_2 となり，供給量は S_2 となりますが，この場合
は $D_2 > S_2$ となりますので，$D_2 - S_2$ の分だけ品不足が発生することになりま
す．品不足が発生することは消費者にとっては困った状況ですが，生産者に
とっては有利になる状況です．なぜなら，値上げをしても買いたいという消費
者がでてくるからです．したがって，生産者は値上げをおこなうことになりま
す．価格を上げることでより多くの利潤を得ることができるからです．その結
果，価格は P_2 の水準から上がっていくことになります．

　それでは，価格はどの水準まで上がるのでしょうか．品不足の状態が続くか
ぎり，生産者は値上げをおこない続けるでしょう．そして，値上げによって需
要が減少し，品不足の状態が解消した時点で値上げをやめることになりますが，

それは価格が P_E の水準まで上がり，需要量と供給量が一致したときになります．その後は，価格は P_E の水準にとどまることになります．

このように，価格が P_E の水準よりも高い水準，あるいは，低い水準にあったとしても価格の調整作用が働いて，いずれ P_E の水準にもどることになります．そして，需要と供給の一致した均衡の状態が保たれることになるのです．価格の調整作用によって市場の均衡が保たれることを**ワルラス的安定**とよんでいます．

4.3 数量による調整

4.2節では，価格の調整作用によって市場の均衡が保たれることを確認しましたが，ここでは，数量の調整作用によって市場の均衡を保つことを考えてみましょう．

図4-3の E 点では，価格水準が P_E のとき，需要量と供給量がそれぞれ Q_E となり，市場が均衡しています．4.2節では，ある価格水準に対して需要量と供給量がそれぞれどの水準に決定されるのかをもとにして，市場の均衡につい

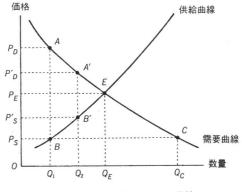

図4-3　数量変化による調整

て考えました．この節では，見方を変えて，ある数量の水準に対して消費者と
生産者がそれぞれどのような価格を設定するのかをもとにして，市場の均衡に
ついて考えてみます．

　取り引きされる数量が Q_1 の水準で始まったとしましょう．この数量に対し
て，消費者と生産者はそれぞれどのような価格を設定するでしょうか．まず消
費者について考えてみましょう．A 点は，Q_1 の数量に対応する需要曲線上の
点です．A 点にいる消費者は，Q_1 の数量に対しては P_D の水準の価格を支払う
ことを考えます．価格 P_D は消費者が設定する価格という意味で**需要価格**とよ
ばれます．

　次に，生産者について考えてみます．B 点は，Q_1 の数量に対応する供給曲線
上の点です．B 点にいる生産者は，Q_1 の数量に対しては P_S の水準の価格で販
売することを考えます．価格 P_S は生産者が設定する価格という意味で**供給価
格**とよばれます．

　このように，数量が Q_1 の水準のとき，消費者と生産者はそれぞれ需要価格
と供給価格を設定するのですが，このとき，2つの価格は一致していません．
図4-3から明らかなように，需要価格 P_D の方が供給価格 P_S を上回っていま
す．これは，どのような状況でしょうか．生産者は P_S の価格で販売しようとし
ているのに，消費者はそれを上回る P_D の価格で購入しようとしているのです．

　消費者は，この財を購入しようとしたときに，自分が購入しようと考える価
格 P_D よりも安い価格 P_S で販売されていることを知ります．すると，この財
を購入しようとする消費者の数は増加することになります．なぜなら，需要曲
線より P_S の価格水準に対しては，需要量は Q_C だけあるからです．

　この需要量の増加に対して，生産者は供給量を増やすことで対応するとしま
す．そして，供給量が Q_2 に増加したとしましょう．生産者は，この供給量に
対して供給価格 $P_S{}'$ をつけます．その一方で，消費者は，需要価格 $P_D{}'$ をつけ
るでしょう．このときも，数量が Q_1 のときと同じ状況がおこります．すなわ

ち，需要価格が供給価格を上回っているので，この財を購入しようとする消費者の数は増加します．そして，生産者は，再び供給量を増やすことで対応することになります．

このような状況はいつまで続くのでしょうか．それは，供給量が Q_E の水準まで増加し，需要価格と供給価格が一致するところまでです．需要価格と供給価格が一致すれば，消費者がこれ以上需要を増やすことはありませんので，市場は均衡することになります．このように，数量の調整によって市場の均衡が保たれることを**マーシャル的安定**とよんでいます．

4.4　くもの巣理論

市場均衡は，価格変化による調整，あるいは，数量変化による調整によって実現されることを 4.2 節，4.3 節でそれぞれみてきました．4.2 節の価格変化による調整では，もし価格が均衡価格と異なる水準に設定されたとすると，その価格水準に対応した需要量と供給量のどちらが大きいかによって価格が変動し，（ワルラス的安定の場合には）均衡価格が実現されることを確認しました．4.3 節の数量変化による調整では，もし数量が均衡数量と異なる水準に設定されたとすると，その数量に対応した需要価格と供給価格のどちらが高いかによって数量が変動し，（マーシャル的安定の場合には）均衡数量が実現されることを確認しました．どちらの場合も，市場均衡が実現するまで価格，あるいは，数量の調整が続けられますが，この調整過程について少し詳しく考えてみましょう．

たとえば，野菜の生産について考えてみます．野菜の収穫をおこなうためには前の年に種まきをしなければなりません．そして，次の年に収穫することになりますが，収穫するときには生産量はある数量に決まってしまっていることになります．このため野菜の生産をおこなう農家は，次の年の野菜の価格を予想しながら種まきをおこなわなければなりません．なぜなら，収穫するときに

は，生産量の調整をおこなうことはもはやできないからです．

　しかしながら，野菜の価格は天候などの気象条件に左右されるため，次の年の価格を正確に予想することは大変難しいことです．そこで，ここでは分析を簡単にするために，農家は今年の野菜の価格が来年も実現すると考えて種まきをおこなうものとしましょう．

　野菜の供給曲線と需要曲線が**図4-4**のように与えられ，野菜の今年の価格水準が供給曲線上の A 点に対応する水準にあるとします．

　野菜を生産している農家は，今年の価格が来年も実現すると考えますので，今年の価格水準に対応する A 点で来年の生産量を決定します．そして，その生産量を実現できるように種まきをおこなうのです．

　ところが，1年がすぎて野菜を収穫し，A 点で決定された生産量を市場へ供給したとき，その供給量に対応する需要曲線上の点は B 点になります．そして，B 点に対応する価格水準は C 点で決定されます．すなわち，A 点で決定された「来年の供給量」だけ売り切る（すなわち，需要＝供給となる）ためには，C 点で決定される「来年の価格」水準に価格が決定されなければならなのです．

　このような価格の変動を次々と追っていくと**図4-5**のようになります．

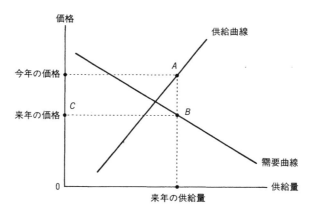

図4-4　今年の価格と来年の価格

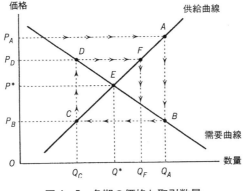

図4-5　各期の価格と取引数量

はじめの価格が P_A であるとします．生産者（野菜を生産する農家）は，この価格が次の期（来年）も実現されると考えて，供給曲線上のA点で供給量（野菜の生産量）を Q_A に決定します．ところが，次の期に（野菜を）Q_A だけ市場へ供給したとき，その供給量に対応する需要曲線上の点はB点になりますので，Q_A をすべて売り切る（すなわち，需要＝供給となる）ために，市場での価格は P_B になります．

　生産者は取り引きされる価格が（昨年の）P_A から P_B に変化したことを確認し，今度は，この価格が次の期も実現されると考えて，P_B に対応する供給曲線上の C 点で（次の期の）供給量を Q_C に決定します．ところが，次の期に Q_C だけ市場へ供給したとき，それに対応する需要曲線上の点は D 点になりますので，Q_C をすべて売り切る（すなわち，需要＝供給となる）ために，市場での価格は P_D になります．

　このように，生産者が予想する価格（次の期の価格）と（需要＝供給によって）実現する価格が異なるため，市場価格は $P_A \rightarrow P_B \rightarrow P_D \rightarrow \cdots$，取り引きされる数量は $Q_A \rightarrow Q_C \rightarrow Q_F \rightarrow \cdots$ のように毎期変化していきます．そして，需要曲線と供給曲線の交点である E 点（市場均衡）での価格 P^*（均衡価格）と取引数量

Q^*（均衡数量）に向かって，それぞれ近づいていくことになるのです．

　E 点に近づいていく過程での価格と取引数量の動きを図で表すと次のように
なります．

　図4-6 の上半分の図は価格の変動を表しています．価格は，均衡価格より
高い価格になったり，低い価格になったりしながら，だんだんと均衡価格であ
る P^* に近づいています．一方，下半分の図は取引数量の変動を表しています
が，価格と同様に，均衡数量より多くなったり，少なくなったりしながら，だ
んだんと均衡数量である Q^* に近づいています．このように，市場均衡に近づ
いていく場合を「動学経路は安定的である」といいます．

　それでは，**図4-5** や **図4-6** のように，動学経路は常に安定的なのでしょう
か．**図4-7** のような場合はどうでしょうか．

　図4-5 と同様に考えてみましょう．はじめの価格が P_A であるとします．生
産者は，この価格が次の期も実現されると考えて，供給曲線上のA点で供給量
を Q_A に決定します．ところが，次の期に Q_A だけ市場へ供給したとき，その
供給量に対応する需要曲線上の点はB点になりますので，Q_A をすべて売り切

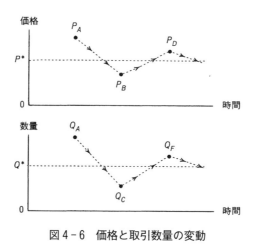

図4-6　価格と取引数量の変動

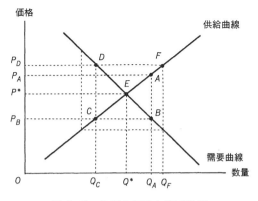

図 4-7　各期の価格と取引数量

る（すなわち，需要＝供給となる）ために，市場での価格は P_B になります.

　生産者は取り引きされる価格が P_A から P_B に変化したことを確認し，今度は，この価格が次の期も実現されると考えて，P_B に対応する供給曲線上の C 点で供給量を Q_C に決定します. ところが，次の期に Q_C だけ市場へ供給したとき，それに対応する需要曲線上の点は D 点になりますので，Q_C をすべて売り切る（すなわち，需要＝供給となる）ために，市場での価格は P_D になります.

　このように，生産者が予想する価格（次の期の価格）と（需要＝供給によって）実現する価格が異なるため，市場価格は $P_A \rightarrow P_B \rightarrow P_D \rightarrow \cdots$，取り引きされる数量は $Q_A \rightarrow Q_C \rightarrow Q_F \rightarrow \cdots$ のように毎期変化していきます. そして，需要曲線と供給曲線の交点である E 点（市場均衡）での価格 P^*（均衡価格）と取引数量 Q^*（均衡数量）からは，だんだんと離れていってしまっているのです. このように，市場均衡から遠ざかっていく場合を「動学経路は不安定である」といいます.

　どうして図 4-5 と図 4-7 で正反対の動きがみられるのでしょうか. 図 4-5 では，動学経路が安定的である場合が示されており，図 4-7 では，動学経路が不安定である場合が示されています.

図4-5と図4-7をよく見比べてみましょう．需要曲線と供給曲線の傾きを比べると，それぞれどうなっているでしょうか．図4-5では，需要曲線の傾き（の絶対値）より供給曲線の傾きの方が大きくなっています．逆に，図4-7では，需要曲線の傾き（の絶対値）の方が供給曲線の傾きより大きくなっています．

したがって，需要曲線の傾きの絶対値より供給曲線の傾きの方が大きい場合に動学経路は安定的になり，価格と取引数量はそれぞれ，均衡価格と均衡数量に近づいていくことになるのです．

4.5 余 剰

4.1節で考えましたように，消費者と生産者は市場で出会い，市場を通して取引をおこない，その結果，取り引きされる価格と数量がそれぞれ決定されていました．それでは，なぜ，消費者と生産者は市場を通じて取引をおこなうのでしょう．なぜ，1人1人の消費者と1人1人の生産者がそれぞれ個別に交渉し，取引をおこなわないのでしょう．この節では，このことについて考えていきます．

図4-8では図4-1と同様に，価格が P_E の水準で需要と供給が等しくなり，市場が均衡しているとしましょう．したがって，取り引きされる価格は P_E となり，取り引きされる数量は Q_E となります．このとき，需要曲線上の A 点，B 点，C 点についてそれぞれ考えてみましょう．

A 点は価格が P_A のとき，その価格水準に対応する需要量が Q_A であることを表した点です．したがって，A 点にいる消費者は，この財に対して P_A の水準の価格を支払ってもよいと考えていることになります．

第2章および補論Aで考えたように，消費者は，予算制約のもとで効用を最大にするように需要量を決定しています．A 点にいる消費者が P_A の水準の価格を支払ってもよいと考えているということは，この財1単位から（金額に換算

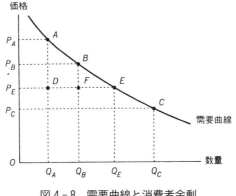

図 4 - 8　需要曲線と消費者余剰

して）P_A の大きさの効用を得ているからと考えることができます．もし，P_A よりも小さい大きさの効用しか得ていないのであれば，P_A の水準の価格を支払ってもよいとは考えないでしょう．

　しかしながら，A 点にいる消費者が実際にこの財を購入するときには P_E の価格しか支払いませんので，P_A の大きさの効用を得ているにもかかわらず P_E の大きさに対応する効用分しか支払っていないことになります．すなわち，$P_A - P_E$ の部分については，その大きさに対応する効用を得ているにもかかわらず支払いを免除されているのです．これは，図 4 - 8 では AD の部分に対応しています．

　同様のことが B 点にいる消費者にも当てはまります．B 点にいる消費者は，この財に対して P_B の水準の価格を支払ってもよいと考えていますが，実際に支払うのは P_E です．すなわち，$P_B - P_E$ の部分については，その大きさに対応する効用を得ているにもかかわらず支払いを免除されているのです．図 4 - 8 では，BF の部分に対応します．

　E 点にいる消費者についてはどうでしょうか．E 点にいる消費者は，この財に対して P_E の水準の価格を支払ってもよいと考えていますが，実際に支払う

のも P_E です．すなわち，支払ってもよいと考えている価格と実際に支払う価格が同じになっているので，効用を得ているにもかかわらず支払いを免除されている部分はありません．

さらに，C 点にいる消費者についてはどうでしょうか．C 点にいる消費者は，この財に対して P_C の水準の価格を支払ってもよいと考えていますが，実際に支払うのは P_E です．すなわち，$P_E - P_C$ の部分は，支払ってもよいと考えている価格よりも余分に支払わなければならない部分です．このような状況に直面した消費者は，その財を購入しようとはしないでしょう．したがって，財を購入する消費者は，支払ってもよいと考える価格が P_E 以上の消費者ということになります．

以上のことから，消費者が効用を得ているにもかかわらず支払いを免除されている部分を足し合わせていくと，全体としてどの部分になるでしょうか．効用を得ているにもかかわらず支払いが免除される部分がでてくるのは，支払ってもよいと考える価格が P_E 以上になる場合です．図4-8の需要曲線上で考えると，E 点よりも左上に位置する点にいる場合にのみ，そのような部分がでてきます．

このように，消費者が効用を得ているにもかかわらず支払いを免除されている部分のことを**消費者余剰**とよんでいます．したがって，図4-8では，消費者余剰は需要曲線と線分 $P_E E$ によって囲まれる部分ということになります．

消費者余剰の考え方は生産者にも当てはめることができます．消費者余剰について考えたことと同様のことを，生産者についても考えてみましょう．

図4-9においても，図4-1と同様に，価格が P_E の水準で需要と供給が等しくなり，市場が均衡しているとしましょう．このとき，供給曲線上の A 点，B 点，C 点についてそれぞれ考えてみます．

A 点は価格が P_A のとき，その価格水準に対応する供給量が Q_A であることを表した点です．したがって，A 点にいる生産者は，この財を P_A の水準の価

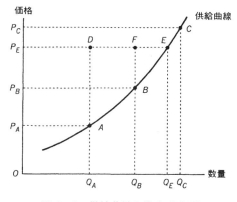

図4-9　供給曲線と生産者余剰

格で販売したいと考えていることになります．第3章の3.6節より，供給曲線
は限界費用曲線でもありましたので，この財の供給量が Q_A のとき，限界費用
の大きさは P_A ということになります．

　しかしながら，A 点にいる生産者が実際にこの財を販売するときには P_E の
価格がつきますので，P_A の価格で販売することを考えていたにもかかわらず，
P_E の価格で販売できることになります．すなわち，$P_E - P_A$ の部分について
は，限界費用を賄った上で，さらに収益を得ていることになります．これは，
図4-9では，AD の部分に対応します．

　同様のことが B 点にいる生産者にも当てはまります．B 点にいる生産者は，
この財を P_B の水準の価格で販売したいと考えていますが，実際に販売すると
きには P_E の価格がつくことになります．すなわち，$P_E - P_B$ の部分について
は，限界費用を賄った上で，さらに収益を得ているのです．図4-9では，BF
の部分に対応します．

　E 点にいる生産者についてはどうでしょうか．E 点にいる生産者は，この財
を P_E の価格で販売したいと考えていますが，実際の販売価格も P_E です．す
なわち，販売したいと考えている価格と実際に販売する価格が同じになってい

るのです.

さらに，C 点にいる生産者についてはどうでしょうか．C 点にいる生産者は，この財を P_C の価格で販売したいと考えていますが，実際に販売する価格は P_E です．すなわち，$P_C - P_E$ の部分は，限界費用を賄うことができない部分です．このような状況に直面した生産者は，その財を販売しようとはしないでしょう．したがって，財を販売する生産者は，販売したいと考える価格が P_E 以下の生産者ということになります.

以上のことから，生産者が，限界費用より高い価格で販売して余分の収益を得ている部分を足し合わせていくと，全体としてどの部分になるでしょうか．限界費用よりも高い価格で販売する部分がでてくるのは，販売したいと考える価格が P_E 以下になる場合です．図 4-9 の供給曲線上で考えると，E 点よりも左下に位置する点にいる場合にのみ，そのような部分がでてきます．したがって，生産者余剰は，供給曲線と線分 $P_E E$ によって囲まれる部分ということになります.

このように，生産者が限界費用よりも高い価格で販売して余分の収益を得ている部分のことを**生産者余剰**とよんでいます．したがって，**図 4-9** では，生産者余剰は供給曲線と線分 $P_E E$ によって囲まれる部分ということになります.

4.6 課税と余剰の変化

4.5 節で余剰の考え方を確認しましたので，この節ではその考え方をもとにして，税金が課せられたとき余剰がどのように変化するかを考えていきます．そのために，以下の分析では需要曲線，供給曲線を具体的な式で表して分析を進めていくことにしましょう.

ある財の需要曲線と供給曲線が次のような式で与えられているとします.

$$需要曲線：Q = -P + 160 \tag{4.1}$$
$$供給曲線：Q = P - 20 \tag{4.2}$$

ここで，P は価格，Q は需給量をそれぞれ表しています.

　いま，政府がこの財に 1 個当たり 40 の従量税を課したとしましょう. そして，課税前と課税後を比較して消費者余剰の大きさ，生産者余剰の大きさがそれぞれどのように変化するかについてまず考え，次に，政府の税収の大きさ，(後述する) **厚生損失**の大きさをそれぞれ考えていくことにします.

　そのために，まず従量税とは何であるかについて確認しましょう. 従量税とは，課税標準が物の個数や容積，重量などの数量で定められ，税率が金額で表される税金のことです. たとえば酒税や揮発油税，石油ガス税などがそれにあたります. 簡単にいえば，製品 1 個当たりいくらという形で課せられる税のことです.

　この税金が課されると製品の価格が税金分だけ高くなりますので，供給曲線がその分上に移動することになります. この供給曲線の変化について考えてみましょう. まず，供給曲線(4.2)を P について整理します.

$$P = Q + 20 \tag{4.3}$$

40 の従量税が課されると，その分だけ製品の価格が高くなるので(4.3)は(4.4)のように変化します.

$$\begin{aligned} P &= Q + 20 \underline{+ 40} \\ &= Q + 60 \quad \text{従量税} \end{aligned} \tag{4.4}$$

(4.4)が課税後の供給曲線になります. すなわち，従量税が課されると，もとの供給曲線はその分だけ切片が上方に移動することになるのです.

　消費者余剰，生産者余剰の大きさを具体的に考えるために，課税前と課税後

の均衡数量と均衡価格をそれぞれ求めておきます. まず, 課税前については,
(4.1)と(4.2)を連立方程式として解けば求められます. そこで, それぞれの右
辺どうしを等しいとおきます.

$$-P + 160 = P - 20$$

この式から課税前の均衡価格は $P = 90$ となります. この $P = 90$ を (4.1)(ある
いは (4.2)) へ代入します.

$$Q = -P + 160 = -90 + 160 = 70$$

よって, 課税前の均衡数量は $Q = 70$ であることもわかります.

次に, 課税後について考えます. 今度は(4.1)と(4.4)を連立方程式として解
きます. (このとき (4.1) を $P = -Q + 160$ と変形してから計算します.) まず, それぞ
れの右辺どうしを等しいとおきます.

$$-Q + 160 = Q + 60$$

この式から課税後の均衡数量は $Q = 50$ となります. この $Q = 50$ を (4.4)(ある
いは (4.1)) へ代入します.

$$P = Q + 60 = 50 + 60 = 110$$

よって, 課税後の均衡価格は $P = 110$ であることもわかります. 以上のことか
ら, 需要曲線, 供給曲線を描くと図4-10のようになります.

この図を使って, 課税前の消費者余剰, 生産者余剰について考えてみます.
4.5節で確認したように, 消費者余剰とは「効用を得ているにもかかわらず支
払いを免除されている部分」ですが, 図で考えると「需要曲線と均衡価格の水
準を表した線分によって囲まれる部分」でした. このことから, 消費者余剰は
$\triangle ACE$ の部分ということになります.

　一方，生産者余剰とは「限界費用よりも高い価格で販売して余分の収益を得ている部分」ですが，図で考えると「供給曲線と均衡価格の水準を表した線分によって囲まれる部分」でした．このことから，生産者余剰は△*CEG* の部分ということになります．

　また，それぞれの大きさは，三角形の面積の求め方を適用すれば求めることができます．以上のことから，それぞれの余剰を表した部分と大きさは次のようになります．

$$課税前の消費者余剰 = \triangle ACE = \frac{1}{2} \times 70 \times (160 - 90) = 2450$$

$$(4.5)$$

$$課税前の生産者余剰 = \triangle CEG = \frac{1}{2} \times 70 \times (90 - 20) = 2450$$

$$(4.6)$$

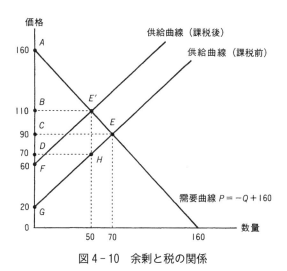

図 4-10　余剰と税の関係

(4.5)，(4.6)より社会的余剰の大きさもわかります．社会的余剰とは消費者余剰と生産者余剰を合計したもののことですので，2450 ＋ 2450 ＝ 4900 になります．

　それでは，課税後の余剰はどのように変化するでしょうか．課税後は均衡点が E' 点に移動することから，均衡価格が 90 から 110 に変化しています．このことから，（課税前と同様に考えて）消費者余剰は$\triangle ABE'$ の部分に変化します．

　一方，生産者余剰はどう変化するでしょうか．課税後の均衡価格は 110 になっていますが，課税された部分は政府の収入として政府がもっていく部分ですので，1 個あたりの収入は E' 点ではなく H 点で決定されます．このことから，生産者余剰は$\triangle DGH$ の部分に変化します．よって，それぞれの余剰を表した部分とその大きさは次のようになります．

$$課税後の消費者余剰 = \triangle ABE' = \frac{1}{2} \times 50 \times (160 - 110) = 1250$$

$$\text{(4.7)}$$

$$課税後の生産者余剰 = \triangle DGH = \frac{1}{2} \times 50 \times (70 - 20) = 1250$$

$$\text{(4.8)}$$

　社会的余剰の大きさについて考える前に，政府の税収の大きさについて考えてみます．政府の課す従量税は，製品 1 個あたり 40 の大きさですが，**図 4 - 10**では $E'H$ の長さで表されています．また，これは BD の長さでもあります．すなわち，政府は 1 個あたり BD の税金を課し，それに対して取り引きされる数量 50 は DH で表されていますので，政府の税収は次のように表されます．

$$税収 = 1 個あたりの税金 \times 取り引きされる数量$$
$$= BD \times DH$$
$$= \square BDHE'（の面積）$$

$$= (110 - 70) \times 50$$
$$= 2000 \qquad\qquad (4.9)$$

　それでは，社会的余剰の大きさについて考えましょう．社会的余剰とは，消費者余剰と生産者余剰の合計額のことでしたが，ここでは政府が登場し，税金を徴収しています．政府にとって税収とは，たとえば労働の報酬として得ているものではありません．したがって，生産者余剰にたとえると「余分の収益を得ている部分」になります．

　このことから，政府が登場して税金を徴収している場合は，その税収も社会的余剰に含めて考えなければならないのです．よって，課税後の社会的余剰は，消費者余剰と生産者余剰を合計したものに，さらに政府の税収を加えたものになりますので，1250 + 1250 + 2000 = 4500 ということになります．

　最後に**厚生損失**について考えてみましょう．そのために，まず厚生損失という言葉の意味について確認しなければなりません．4.5 節で確認しましたように，市場で取引をすることによって消費者，生産者はそれぞれ余剰を得ることになります．そして，その余剰の合計が社会的余剰になります．

　ところが，この節での話のように，たとえば政府が登場して税金の徴収を始めると市場の均衡点が変化し，消費者余剰，生産者余剰の大きさが変化します．すると，社会的余剰の大きさも変化することになりますが，このとき，もとの大きさよりも小さくなってしまうと余剰の減少という社会的な損失が発生することになります．厚生損失とは，この社会的余剰の減少分のことを表した言葉なのです．

　したがって，厚生損失は以下のようになります．

厚生損失 = 課税前の社会的余剰 − 課税後の社会的余剰
$$= 4900 - 4500$$
$$= 400 \qquad\qquad (4.10)$$

(4.10)で示されているように，課税前と比べて 400 だけ社会的余剰が減少して
いますが，このことは次のような理由で起こったと考えられます．

　従量税が課されることで価格が上昇し，取引数量が減少します．この状況を
消費者からみると，以前より高い価格で，かつ，以前よりも少ない量しか購入
できなくなります．明らかに，消費者余剰は減少するでしょう．生産者からみ
ても，同様に，以前より高い価格で，かつ，以前よりも少ない量しか販売でき
なくなります．そして，高くなった価格のうち税金として政府にもっていかれ
る部分を除くと，**図 4 - 10** から確認できるように，価格は課税前（90）よりも
安い価格（70）になってしまいます．明らかに生産者余剰は減少するでしょう．

　政府の税収の部分はプラスの項目として加えられますが，消費者余剰と生産
者余剰の減少分の方が大きく，全体として社会的余剰の減少が起こることにな
るのです．

基本の適用編

第5章　適用例1：市場の効率性

第4章では，価格の調整作用，あるいは，数量の調整作用を通じた需要と供給の相互作用によって市場の均衡が実現され，均衡価格と均衡数量が実現されていくメカニズムについて考察をおこないました．そして，需要は，第2章および補論Aで確認した消費者の効用最大化行動によって最適消費点で決定され，供給は第3章および補論Cで確認した生産者の利潤最大化行動，あるいは費用最小化行動によって利潤最大点，あるいは費用最小点で決定されていました．

それでは，市場の均衡においては，各消費者の効用は最大化され，各生産者の利潤（あるいは費用）は最大化（あるいは最小化）されているのでしょうか．もし市場均衡において，そのような状態が実現されていれば，その均衡は**効率的**であるといわれます．そして，市場では生産された財が市場メカニズムを通じて消費者に配分されていますので，そのような市場では資源配分が効率的におこなわれていることになるのです．

かってアダム＝スミスは，「見えざる手」によって市場は効率的な状態に導かれると説きました．本章では，第2章，補論Aおよび第4章で解説された基本部分を適用する少し進んだ分析の1つとして，それぞれ別々の財を保有している2人の取引について第2章および補論Aで出てきた無差別曲線をもちいた

簡単な分析をおこない，取引をしていない最初の状態よりも取引をおこなった後の状態の方が，それぞれの効用水準が高くなっていることを確認していきます．そして，取引によって実現される効用水準のなかで，もうこれ以上高くすることのできない水準が含まれていることも確認していきます．

　このような状態が実現された場合，もしどちらかの人がこれ以上の効用水準を望むのであれば，もう一方の人の効用水準を低下させるしかありませんが，このような状態のことを**パレート最適**な状態とよんでいます．また，そのような状態を実現している点をパレート最適点とよんでいます．

　市場での取引を通じてパレート最適点が実現される可能性があることが 5.1 節で確認されますが，実際にパレート最適点を実現することができるのでしょうか．5.2 節では，価格の調整作用を通じてパレート最適点が実現されることを確認していきます．これは，**厚生経済学の第 1 基本定理**とよばれるものです．

　さらに，何らかの社会的な必要性から，一方の人の効用水準を現在の水準よりも高い水準に引き上げる必要が出てきた場合のことも 5.2 節では考えます．すなわち，現在のパレート最適点から，別のパレート最適点へ移動することを考えるのですが，市場での取引にまかせておいたのでは，現在の状態から脱却することはできません．

　現在の状態から脱却し，別のパレート最適点へ移行するには，政府が 2 人の状態を変更するように政策をおこなう必要がでてきます．具体的には，課税や補助金を使って 2 人の状態を変更させ，別のパレート最適点へと移行させるのです．5.2 節では，このような政府の政策によって，どのようなパレート最適点でも実現することができることも確認します．これは，**厚生経済学の第 2 基本定理**とよばれるものです．

5.1　パレート最適点

　本章の序文でも述べましたが，分析を簡単にするために，2人が取引をおこ
なうことを考えます．AさんとBさんの2人の人間が存在しており，Aさんは
米を生産し，Bさんは野菜を生産しているとしましょう．AさんとBさんは，
お互いの生産物を交換したいと考えているとします．それぞれの生産物をどの
ように交換すれば，お互いの効用を増加させ，最大にすることができるでしょ
うか．

　このことを考えていくために，まずそれぞれの無差別曲線と初期の状態につ
いて考えます．図5-1は，AさんとBさんの無差別曲線を表しています．そ
れぞれの初期状態として，Aさんは米100 kgと野菜20 kgを所有しており（*C*
点），Bさんは米10 kgと野菜80 kgを所有しているとします（*D*点）．よって，
米の総量は100 kg + 10 kg = 110 kg，野菜の総量は80 kg + 20 kg = 100 kgに
なります．横軸に米，縦軸に野菜を測って，それぞれの総量分の長さを測ると

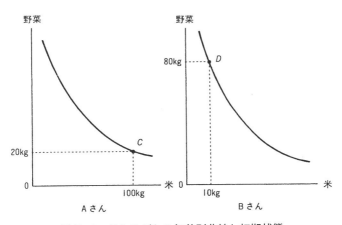

図5-1　それそぞれの無差別曲線と初期状態

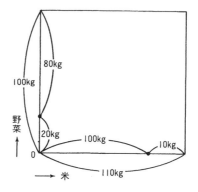

図5-2 米と野菜のボックス

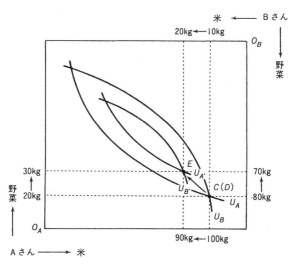

図5-3 米と野菜の交換と効用の大きさ

図5-2のようなボックスが得られます.

このボックスに図5-1で提示したAさんとBさんの無差別曲線を書き込んでみます. Aさんについては,図5-3の左下の角 (O_A) を原点として無差別曲線を描きます. Bさんについては,右上の角 (O_B) を原点として無差別曲線を

描きます．そのため，B さんの無差別曲線については，**図 5-1**の無差別曲線を裏返しにして，原点を右上にもってきた形になっています．また，それぞれの初期状態の点も書き込んでいますが，B さんの無差別曲線が裏返しになっているため，C 点と D 点がちょうど重なるようになっています．このようにして得られた図は**エッジワースのボックス・ダイアグラム**とよばれるものです．

$C(D)$ 点では，A さんは U_A の大きさの効用を得ているとします．このことから無差別曲線にも U_A の記号をつけています．一方，B さんは U_B の大きさの効用を得ているとします．このことから，無差別曲線にも U_B の記号をつけています．

図 5-3をもとにして，A さんと B さんが米と野菜を交換することを考えていきます．たとえば，A さんが米 10 kg を B さんに譲り，その代わりに，B さんが魚 10 kg を A さんに譲ることを考えてみましょう．この交換によって，初期状態では $C(D)$ 点にいた 2 人が E 点に移動することになります．

E 点に移動することによって，2 人の効用の大きさはそれぞれどのように変化したでしょうか．A さんは無差別曲線 U_A 上の C 点から $U_{A'}$ 上の E 点に移動しますが，$U_{A'}$ は U_A より右上に位置していますので，効用は C 点にいるときより大きくなっています．一方，B さんも無差別曲線 U_B 上の D 点から $U_{B'}$ 上の E 点に移動しますが，左上の原点 O_B から見ると $U_{B'}$ は U_B より右上に位置していますので，効用は D 点にいるときより大きくなっています．したがって，米と野菜を交換することで，2 人とも，交換前よりも大きな効用を得ることができたのです．

それでは，米と野菜の交換によって，2 人がそれぞれ E 点よりももっと大きな効用を得ることはできるでしょうか．**図 5-4**を使ってさらに考察を進めましょう．

A さんが B さんに米を譲り，B さんが A さんに野菜を譲ることで，E 点よりもさらに左上方の点に移動することを考えます．いくらかの米と野菜を交換

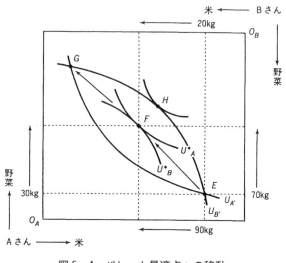

図 5-4　パレート最適点への移動

することで，F 点のような点に移動したとしましょう．F 点では，A さんは無
差別曲線 U^*_A 上に，B さんは無差別曲線 U_B^* 上にそれぞれいます．U_A^* は
$U_{A'}$ より右上に，右上の原点 O_B から見て，U_B^* は $U_{B'}$ より右上に位置してい
ますので，A さんも B さんも E 点にいるときよりも，より大きな効用を得て
います．したがって，米と野菜の交換によって，2 人ともさらに大きな効用を
得ることができたのです．

　それでは，米と野菜を交換することによって，F 点にいるよりももっと大き
な効用を得ることはできるでしょうか．たとえば，米と野菜をさらに交換する
ことによって G 点まで移動したとしましょう．このとき，A さんと B さんの
効用の大きさは，それぞれどのように変化しているでしょうか．

　G 点では，A さんは無差別曲線 $U_{A'}$ 上にいますが，これは E 点にいたとき
と同じ無差別曲線ですので，効用の大きさは F 点よりも小さくなっています．
B さんについても同様で，B さんは無差別曲線 $U_{B'}$ 上にいますが，効用の大き

さは F 点よりも小さくなっています.

　すなわち, F 点のように, 2人の無差別曲線が接するような点まで移動すると, 2人の効用の大きさはそれ以上大きくならないのです. たとえば, A さんの効用を F 点よりも大きくするために H 点へ移動することを考えてみましょう. H 点に移動すると, A さんは F 点にいるときよりも右上の無差別曲線に移動することになりますので, より大きな効用を得ることになります. しかし, B さんは F 点にいたときよりも右下の無差別曲線に移動することになりますので, 得られる効用は F 点にいたときよりも小さくなります.

　以上のことから, F 点のような点から移動すると, 相手の効用を小さくすることなしには自分の効用を大きくすることができなくなります. このような状態は**パレート最適**な状態といわれますので, F 点はパレート最適な点となっています.

　それでは, 次の具体例を使って, 実際にパレート最適点を求めてみましょう.

具体例 5-1

　A さんと B さんの2人からなる社会において, A さん, B さんは2種類の財 X, Y をそれぞれ (x_A, y_A), (x_B, y_B) だけ消費するものとします. さきほどは, 米と野菜で分析をおこないましたが, ここでは米を X, 野菜を Y でそれぞれ表して, 一般的な表現で分析をおこないます.

　いま, A さんと B さんの効用関数がそれぞれ,

$$A さん：U_A = x_A y_A$$
$$B さん：U_B = 3(x_B + y_B)$$

で示されており, B さんの効用の大きさは 240 であるとします. X 財と Y 財の存在量がそれぞれ 40, 100 であるとき, パレート最適点における A さんと B さんの X 財と Y 財の消費量はそれぞれいくらになるでしょうか.

　この具体例を考えるために，パレート最適な状態とはどのような状態のことであったか，もう一度確認しておきます．

パレート最適な状態：

相手の効用を小さくすることなしには自分の効用を大きくすることができない状態のこと

　この状態は**図5-4**の*F*点で表されていました．すなわち，AさんとBさんの無差別曲線が接している状態です．**図5-4**を参考にして，この具体例で考えようとしている状態を図で表すと，**図5-5**のようになります．なお，この図では，パレート最適点のみを描いています．この具体例では，**図5-5**のx_Aとx_B，y_Aとy_Bをそれぞれ求めようとしているのです．

　それでは，実際に求めていきましょう．まず，Bさんの効用の大きさが240ですので，

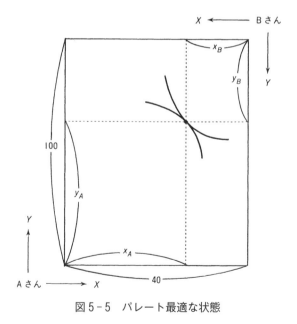

図5-5　パレート最適な状態

$$U_B = 3(x_B + y_B) = 240$$

となり，両辺を 3 で割ると，

$$x_B + y_B = 80 \tag{5.1}$$

となります．また，X 財と Y 財の存在量がそれぞれ 40 と 100 であることから，

$$x_A + x_B = 40 \tag{5.2}$$

$$y_A + y_B = 100 \tag{5.3}$$

という関係式が得られます．

　A さんと B さんの消費量を同時に求めることはできないので，まず A さんの消費量について考えていきます．(5.2)と(5.3)を辺々加えると，

$$x_A + y_A + (x_B + y_B) = 140 \tag{5.4}$$

となるので，(5.4)に(5.1)を代入すると，

$$x_A + y_A + 80 = 140 \tag{5.5}$$

となります．これで，A さんの消費量についてのみの式ができました．(5.5)を y_A について整理すると，

$$y_A = 60 - x_A \tag{5.6}$$

となるので，(5.6)を A さんの効用関数に代入すると，

$$U_A = x_A y_A = x_A(60 - x_A) = 60x_A - x_A{}^2 \tag{5.7}$$

となります．

　ここでは，B さんの効用の大きさが 240 で与えられているので，それを前提

としてAさんの効用 U_A を最大にするとき，パレート最適な状態が実現される
ことになります．なぜなら，そのような状態が実現すればAさんの効用は最大
になり，Bさんの効用もある大きさになっていますので，Aさんの効用をより
大きくするためにはBさんの効用を小さくしなければならず，その逆は逆にな
るからです．

Aさんの効用を最大にするために，(5.7)を x_A で微分してゼロとおきます．

$$\frac{dU_A}{dx_A} = 60 \times 1 \times x_A^{1-1} - 2 \times x_A^{2-1} = 60 \times x_A^0 - 2 \times x_A^1$$

$$= 60 \times 1 - 2 \times x_A = 60 - 2x_A = 0 \tag{5.8}$$

(5.8)より $x_A = 30$ となります．$x_A = 30$ を(5.6)に代入すると，$y_A = 30$ であ
ることもわかります．さらに，$x_A = 30$ を(5.2)に代入すると $x_B = 10$ であるこ
ともわかり，$y_A = 30$ を(5.3)に代入すると $y_B = 70$ であることもわかります．

5.2　パレート最適点の実現

5.1節で考えたように，**図5-4**の F 点のような点には，たとえば E 点から
スタートして，米と野菜を適当に交換することで到達することができます．し
かし，AさんとBさんは，F 点に到達できるように，うまく交換をおこなうこ
とができるのでしょうか．この節では，このことについて考えていきます．

米と野菜の価格比を分析に導入しましょう．**図5-6**の E 点を通る直線は，
米と野菜の価格比を表した直線です．

補論Aで確認したように，最適消費点では限界代替率と価格比が等しくなっ
ていました．また，限界代替率は無差別曲線の接線の傾きの大きさで表されて
いました．したがって，価格比を表す直線 GEF とAさんの無差別曲線が接す
る F 点がAさんの最適消費点になり，米の需要量は x_A，野菜の需要量は y_A に

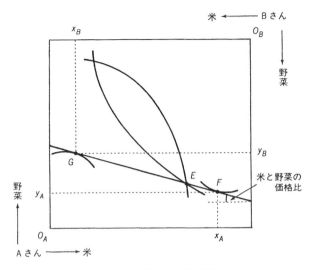

図5-6 価格比と最適消費点

なります．同様のことをBさんについても考えると，Bさんの最適消費点は*G*点になり，米の需要量はx_B，野菜の需要量はy_Bになります．

　2人の米の需要量を合計すると，横軸に測った米の総量（110 kg）を越えてしまうことは**図5-6**から明らかです．したがって，米の需要量は供給量（110 kg）を越えてしまっているので，米は品不足になっています．第4章で確認したように，品不足になると価格の上昇がおこりますので，米の価格は上昇することになるでしょう．

　野菜についてはどうでしょうか．2人の野菜の需要量を合計しても，縦軸に測った野菜の総量（100 kg）を越えないことは**図5-6**から明らかです．したがって，野菜の需要量は供給量（100 kg）を下回っているので，野菜の売れ残りがでてきてしまいます．売れ残りがでてくると価格の下落がおこりますので，野菜の価格は下落することになるでしょう．

　米の価格は上昇し，野菜の価格は下落しますので，*E*点を通る価格比を表し

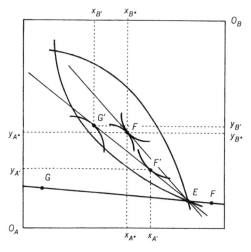

図5-7　価格比とパレート最適点

た直線の傾きは大きくなります．なぜなら，米の価格が上昇し，野菜の価格が
下落したことにより，1単位の米と交換できる野菜の量が増加するからです．
そして，AさんとBさんの最適消費点も，それぞれ F' 点，G' 点に移動し，米
と野菜の需要量も変化します．Aさんの米の需要量は $x_{A'}$，野菜の需要量は $y_{A'}$，
Bさんの米の需要量は $x_{B'}$，野菜の需要量は $y_{B'}$ にそれぞれ変化していますが，
価格比が変化する前と比べると，**図5-7**から明らかなように米の品不足と野
菜の売れ残りが減少しています．しかし，米の価格はまだ上昇し，野菜の価格
はまだ下落するでしょう．

　どのような状態になったとき価格の変動が止まるのでしょうか．価格比を表
した直線の傾きがさらに大きくなり，F 点を通る位置まで移動したとき，米と
野菜の需要量がどうなるか考えてみましょう．F 点での，Aさんの米の需要量
は x_{A^*}，Bさんの米の需要量は x_{B^*} ですが，**図5-7**から明らかなように，2人
の需要量の合計は米の総量（110 kg）と一致しています．すなわち，需要と供給
が一致しているので，米の価格の変動は止まるでしょう．

　野菜についてはどうでしょうか．A さんの野菜の需要量は $y_{A'}$，B さんの野菜の需要量は $y_{B'}$ ですが，**図5-7**から明らかなように，2人の需要量の合計は野菜の総量 (100 kg) と一致しています．すなわち，需要と供給が一致しているので，野菜の価格の変動も止まるでしょう．

　このように，最初に E 点の状態にあっても，品不足や売れ残りによって価格が変動し，需要量が変化することによって，いずれ F 点の状態が実現されることになります．すなわち，価格変動を通じた市場の調整作用によって，パレート最適な状態 (F 点) が実現されるわけですが，このことを**厚生経済学の第1基本定理**とよんでいます．

　図5-8に描かれているように，パレート最適な点はたくさんあります．パレート最適な点を結んでいくと左下の原点 (O_A) から右上の原点 (O_B) に向かって1本の曲線がでてきますが，この曲線のことを**契約曲線**とよんでいます．現在，F 点の状態にあるとしましょう．F 点ではパレート最適な状態が実現されているのですが，ここで，何らかの社会的判断によって，A さんの効用水準

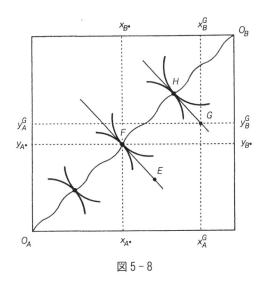

図 5-8

を大きくすることが社会的に望まれたとしましょう．そこで，政府はなんらかの手段を使って A さんの効用を大きくしようとするのですが，A さんの効用を大きくするためには右上の無差別曲線に移動しなければなりません．どうすれば，このようなことができるでしょうか．

　政府が，課税と補助金を使って次のような所得再分配政策をおこなったとしましょう．B さんから $x_B \cdot x_B^G$ だけの米を税金として徴収し，それをそのまま A さんに補助金として給付します．その結果，A さんの米の量は $x_A \cdot$ から x_A^G に増加するでしょう．さらに，B さんから $y_B \cdot y_B^G$ の野菜を税金として徴収し，それをそのまま補助金として A さんに給付します．その結果，A さんの野菜の量は $y_A \cdot$ から y_A^G に増加するでしょう．

　このような所得再分配政策によって，2 人は F 点にいる状態から G 点にいる状態に移動します．G 点からは，**図 5-7** で確認したような価格による調整過程によって，いずれ H 点の状態に移動することになるでしょう．そして，新しいパレート最適な状態が実現されることになります．H 点では，F 点と比べて A さんの効用は大きくなっています．すなわち，政府の目的は実現されたわけです．

　このように課税政策と補助金政策を適当におこなうことによって，新しいパレート最適な状態を実現することができるのです．したがって，どのようなパレート最適点も政府の適当な政策によって実現することができるのですが，このことを**厚生経済学の第 2 基本定理**とよんでいます．

第6章　適用例2：市場の失敗

　本章では，第2章から第4章までの基本部分を適用する少し進んだ分析の1つとして，市場で取引される財のなかで市場の効率性を達成できない財について考察していきます．たとえば，かって四大公害病といわれる病気を引き起こした公害が発生して深刻な社会問題が起こりました．このような公害を発生させるような財の取引は，明らかに市場の効率性を達成していません．

　ある財を生産することによって経済にマイナスの影響が及ぼされるとき，**外部不経済**が発生しているといいますが，外部不経済が発生している状況は効率的な状況とはいえません．外部不経済を除去するための何らかの方策が必要になります．さきほどの公害の話では，公害を発生させる前に，たとえば工場に有害物質を無害化する装置を取り付けて生産をおこなうことで，外部不経済の発生を防ぐことができるでしょう．6.2節では，環境税を取り上げて，この問題について考えます．

　ある財を生産することによって経済にプラスの影響が及ぼされることもあります．このようなとき，**外部経済**が発生しているといいますが，外部経済が発生している状況も効率的な状況とはいえません．外部経済を除去するための何らかの方策が必要になります．たとえば，教育サービスの生産は，教育を受け

た人々が社会で活躍することで外部経済を発生させますが，この外部経済の部分を考慮して教育費用の減免などをおこなうことが必要になります．

　6.3節では，市場で取り引きすることのできない財について考えていきます．公園や道路は誰でも使うことができ，また，誰かがそれを使うことを妨げることもできませんが，このような財のことを**公共財**とよびます．公共財は，（一度供給されてしまえば）誰でも，その費用を負担しないで使うことが可能ですので，民間企業によって供給することは困難になります．そのため，政府や地方自治体が公共財の供給をおこなわなければなりませんが，その供給量をどのように決定すればよいでしょうか．6.4節では，この問題について考えていきます．

6.1　外部不経済と外部経済

　市場では，さまざまな財が取引されており，取引されている財にはそれぞれ価格がつけられています．第4章の4.2節で考えたように，その価格は需要と供給によって決定されるものでした．そして，第5章の5.2節で考えたように，市場で実現される資源配分はパレート最適なものでした．しかし，市場で取引される財の中には最適な資源配分を実現しない財も存在しています．この節では，そのような財について考えていきます．

　かつて，四大公害病の1つとして社会的に問題となった水俣病の発生は，アセトアルデヒドの生産のために使われた水銀を廃液として流したことがその原因であり，工場周辺の住民に多大な健康被害をもたらしました．この被害を補償するために多額の費用が必要となりましたが，これらの費用は生産活動をおこなう際には，まったく考慮されていないものでした．

　このように，ある財の生産をおこなう際に，その生産活動が公害のような社会的費用を発生させる場合を**外部不経済**といいます．外部不経済がもたらされる場合には，あらかじめその費用分を生産にかかる費用として含めておかなけ

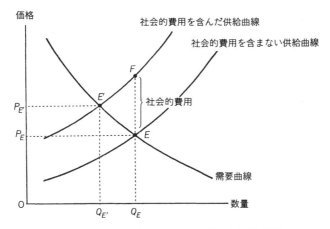

図6-1　外部不経済をもたらす財の需要と供給

ればなりません．水俣病の場合は，生産に使った水銀を処理する装置の費用を生産費としてあらかじめ含ませておき，その装置によって水銀を処理した上で廃液を流しておけば，多大な被害が発生することはなかったでしょう．

　このような外部不経済をもたらす財の生産について，需要曲線と供給曲線を使って考えてみましょう．

　図6-1には，外部不経済をもたらす財の需要曲線と供給曲線が描かれています．供給曲線には，社会的費用を含まないものと含むものがそれぞれ描かれています．社会的費用を含む供給曲線とは，たとえば水俣病の場合であれば，水銀の処理施設の設置・運営費用を含んだ供給曲線ということです．一方，社会的費用を含まない供給曲線とは，公害の発生などを考慮せず，生産にかかる費用のみを考慮した供給曲線です．

　需要曲線と社会的費用を含まない供給曲線で決定される取引数量と価格をみてみると，図6-1より，価格はP_E，数量はQ_Eになります．一方，社会的費用（図6-1のEFの部分）を含んだ供給曲線で決定される取引数量と価格は，それぞれ$P_{E'}$と$Q_{E'}$になります．したがって，社会的費用を考慮しないで市場で

取引が行われた場合は，外部不経済をもたらす財が（社会的費用を考慮した場合よりも）安い価格で，大量に出回ってしまうことになります．

　社会的費用を考慮して生産活動がおこなわれれば，このような状況は起こらないのですが，市場にのみ任せておいたのでは，なかなか社会的費用まで考慮した生産活動はおこなわれないのが現状です．そこで，たとえば汚染物質の処理施設の設置・運営を義務づけるなど，なんらかの法律上ないし行政上の措置によって，外部不経済をもたらす財の市場へ介入しなければなりません．このように，市場の働きだけでは最適な資源配分を達成することはできないのです．

　ここまでは，外部不経済をもたらす財について考えましたが，市場で取り引きされる財の中には，外部不経済とは全く逆の効果を及ぼす財も存在しています．たとえば，教育のような財を考えてみましょう．

　教育を受けた人々はその能力を高め，生産活動に大いに貢献し，経済活動の運営にプラスの影響をもたらすかもしれません．あるいは，教育を受けた人々が増加することによって犯罪が減少し，警察や司法などによる防犯費用が減少するかもしれません．したがって，教育という財は，社会的に好ましい効果をもっていると考えることができます．

　このように，ある財の生産をおこなう際に，その生産活動が社会的便益を発生させる場合を**外部経済**といいます．外部不経済の分析と同様に，外部経済をもたらす財の需要と供給を考えて，市場で最適な資源配分が達成されるかどうかについて考えてみましょう．

　図6-2には，外部経済をもたらす財の需要曲線と供給曲線が描かれています．供給曲線には，社会的便益を考慮しないものと考慮したものがそれぞれ描かれています．社会的便益を考慮した供給曲線とは，たとえば教育の場合であれば，教育のもたらす好ましい社会的効果，すなわち，社会的便益を考慮した供給曲線ということです．一方，社会的便益を考慮しない供給曲線とは，教育の社会的効果などを考慮せず，教育サービスの生産にかかる費用のみを考慮した供給

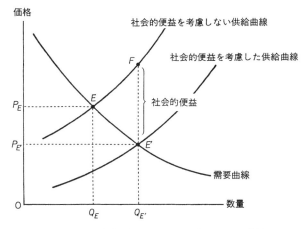

図6-2　外部経済をもたらす財の需要と供給

曲線です.

　需要曲線と社会的便益を考慮しない供給曲線で決定される取引数量と価格を
みてみると, 図6-2より, 価格は P_E, 数量は Q_E になります. 一方, 社会的
便益（図6-2の $E'F$ の部分）を考慮した供給曲線で決定される取引数量と価格は,
それぞれ $P_{E'}$ と $Q_{E'}$ になります. したがって, 社会的便益を考慮しないで市場
で取引が行われた場合は, 外部経済をもたらす財が（社会的便益を考慮した場合よ
りも）高い価格で, 少量しか供給されないことになります.

　社会的便益を考慮して生産活動がおこなわれれば, このような状況は起こら
ないのですが, 市場にのみ任せておいたのでは, 外部不経済をもたらす財の場
合と同様に, なかなか社会的便益まで考慮した生産活動はおこなわれないのが
現状です. そこで, たとえば教育機関等に対して補助金を給付するなど, なん
らかの法律ないし行政上の措置によって, 外部経済をもたらす財の市場へ介入
しなければなりません. 外部経済をもたらす財の市場においても, やはり, 市
場の働きだけでは最適な資源配分を達成することはできないのです.

6.2 外部不経済と環境税

6.1 節では外部不経済の意味について確認しましたが，この節では，外部不経済に対処するための方法ついて少し詳しく考えてみましょう．公害などの社会的費用を発生させる生産活動に対しては，「法律上ないし行政上の措置」をおこなうことで外部不経済をもたらす財の市場に介入しなければならないことを 6.1 節で確認しました．このことについて，具体的な例を使いながらもう少し考えてみましょう．

ある企業が財を生産するときに汚水を排出し，環境汚染による外部不経済を発生させているとします．**図 6-3** は，この企業の生産する財に対する需要曲線，この企業の私的限界費用曲線 (社会的費用を考慮しないで，生産にかかる費用のみを含んだ供給曲線)，この企業の社会的限界費用曲線 (生産にかかる費用だけでなく社会的費用を含んだ供給曲線) をそれぞれ表しています．

政府は，汚水を排出する企業に対して環境税を課すことにします．そして，税額については，社会的限界費用曲線にもとづいて (需要曲線との交点で) 生産量を決定したときの生産量を規準として，生産された財 1 単位につき，その生産量での汚染分 (**図 6-3** の $E'I$ の部分) だけ税金を課すことにします．

このとき，消費者余剰や生産者余剰は課税前と課税後を比べて，どのように変化しているでしょうか．また，外部不経済の大きさはそれぞれどうなっているでしょうか．さらに，厚生損失はどの程度生じているでしょうか．これらの問題について考えていくことにします．

まず，消費者余剰，生産者余剰とは何であったかについて確認しておきましょう．これらの余剰は，第 4 章の 4.5 節で出てきました．消費者余剰については，**図 4-8** を中心に説明されていますが，需要曲線と均衡価格水準の水平線で囲まれる部分でした．また，生産者余剰については，**図 4-9** を中心に説

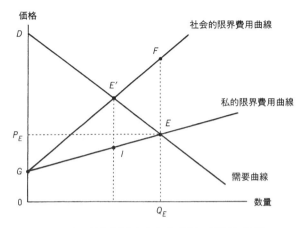

図 6-3　外部経済をもたらす財の需要と供給

明されていますが，供給曲線と均衡価格水準の水平線で囲まれる部分でした．
以上のことを踏まえて，課税前の状態から考えていきましょう．

　環境税が課される前の状態を考えていますので，需要曲線と私的限界費用曲
線を使って考えていきます．まず，2つの曲線の交点 E で価格と取り引きされ
る数量が決定されますので，生産量は Q_E，価格は P_E になります．

　先ほど確認しましたように，消費者余剰は需要曲線と EP_E に囲まれる部分
になりますので，$\triangle DEP_E$ の部分で表され，生産者余剰は私的限界費用曲線と
EP_E に囲まれる部分になりますので，$\triangle EGP_E$ の部分で表されることになり
ます．

　企業が私的限界費用曲線にしたがって生産活動をおこなう場合は，汚水によ
る環境汚染によって外部不経済が発生していますが，次に，この外部不経済が
発生している部分について**図 6-3** を使って確認してみましょう．

　企業が環境汚染という社会的費用を考慮するのであれば，社会的限界費用曲
線にしたがって生産活動をおこなわなければなりません．社会的費用は私的限
界費用と社会的限界費用の差額ですので，**図 6-3** を使って考えると，私的限

界費用曲線と社会的限界費用曲線の縦方向の間隔 (たとえば，$E'I$ や EF の部分) として考えることができます．すなわち，その分だけ汚染による外部不経済が発生しているのです．この縦方向の間隔を原点から生産量が Q_E のところまで考えると，$\triangle EFG$ の部分になります．

　外部不経済が発生している部分は社会にとってはマイナスの余剰ということになります．したがって，社会的余剰を考えるときは，消費者余剰と生産者余剰の合計から外部不経済の部分を差し引いて考えなければなりません．このことから，

$$社会的余剰 = 消費者余剰 + 生産者余剰 - 外部不経済$$
$$= \triangle DEP_E + \triangle EGP_E - \triangle EFG$$
$$= \triangle DE'G - \triangle EE'F \tag{6.1}$$

となります．

　最後に，厚生損失について考えてみましょう．第 4 章の 4.6 節に出てきた重要な用語ですが，消費者余剰と生産者余剰のもともとあるはずの合計部分から (何らかの原因で) 失われてしまう部分のことを表した言葉でした．

　本来，汚水による環境汚染によって社会的費用が発生する場合は，発生する社会的費用を含めた供給曲線と需要曲線によって生産量を決定しなければなりません．すなわち，**図 6-3** では，需要曲線と供給曲線の交点は E 点ではなく E' 点になり，社会的余剰は $\triangle DE'G$ の大きさになるはずです．

　ところが，外部不経済が発生している場合の社会的余剰は (6.1) より $\triangle DE'G - \triangle EE'F$ の大きさになっていました．社会的費用を含まない供給曲線によって生産量を決定したために，本来あるはずの社会的余剰 $\triangle DE'G$ から $\triangle EE'F$ の部分が失われてしまったのです．したがって，厚生損失は $\triangle EE'F$ の部分ということになります．

　企業が排出する汚水により外部不経済が発生している状況に対して，その対

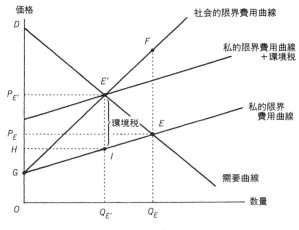

図6-4　環境税が導入された場合

策を講じるために，政府がこの企業に対して環境税を課すことにしたとしましょう．そして，その税収によって汚水の処理施設を設置・運営するとします．

　政府が環境税を課すと供給曲線はその分だけ上方に移動しますので，課税後の状態を考える場合は，需要曲線と環境税の分だけ上にシフトした私的限界費用曲線（図6-4の私的限界費用曲線＋環境税）を使って考えていくことになります．

　まず，2つの曲線の交点 E' で均衡価格と均衡数量が決定されますので，生産量は $Q_{E'}$，価格は $P_{E'}$ になります．次に，消費者余剰は $\triangle DE'P_{E'}$ の部分で表されます．一方，生産者余剰は，私的限界費用曲線，および，生産量 $Q_{E'}$ に対応する I 点で決定される価格水準 H によって決定されます．すなわち，$\triangle HIG$ の部分で表されます．これは，環境税の部分は政府によって徴収されてしまう部分になるので，その部分（次に出てくる□$E'IHP_{E'}$ の部分）を除いて生産者余剰を考えなければならないためです．

　さらに，外部不経済が発生している部分について確認してみます．私的限界費用曲線と社会的限界費用曲線の縦方向の間隔だけ汚染による外部不経済が発

生していますので，この縦方向の間隔を生産量が $Q_{E'}$ のところまで考えると，$\triangle E'IG$ の部分になります.

　政府の税収については，生産量 1 単位あたり $E'I$，すなわち，$HP_{E'}$ の大きさの環境税が課されており，生産量が $Q_{E'}$ なので，1 単位あたりの税に生産量を掛けた $HP_{E'} \times OQ_{E'} = \Box E'IHP_{E'}$ の部分が政府の税収を表していることになります.

　最後に，社会的余剰についてですが，ここでは，消費者余剰，生産者余剰の他に政府も税収を得ていますので，これらを加えたものから外部不経済を表した部分を引いたものになります.

$$\begin{aligned}
社会的余剰 &= 消費者余剰 + 生産者余剰 + 政府の税収 - 外部不経済\\
&= \triangle DE'P_{E'} + \triangle GHI + \Box E'IHP_{E'} - \triangle E'GI\\
&= \triangle DE'G \qquad\qquad\qquad\qquad\qquad\qquad (6.2)
\end{aligned}$$

　以上の分析から興味深いことがわかります．もし企業が汚染による社会的費用を考慮して社会的限界費用曲線にしたがって財の生産をおこなったとしたら，**図6-4**より，社会的余剰は$\triangle DE'G$の部分になるはずです.

　これは，企業に環境税が課された場合と同じになっていますので，政府が環境税を課すことによって，本来実現されるべき社会的余剰が実現されたことになります．つまり，政府が課税することによって効率的な資源配分が実現されることになるのです．このように，効率的な資源配分を実現する課税のことを**ピグー的課税**とよんでいます.

6.3　公　共　財

　市場で取引される財は，一度誰かが手に入れてしまうと，後はその人のみがその財を消費することができ，他の人は消費することができません．しかし，

たとえば公園のような財を想定するとどうでしょうか．誰かが公園で遊んでいるとき，他の人は公園に入ることができないでしょうか．公園は誰でも使うことができるので，誰かが遊んでいても，他の人も公園を使うことができます．このように，消費が競合しない財も存在しているわけですが，このような性質のことを**非競合性**といいます．

　道路や警察，消防などは，国民から徴収した税金によって建設，運営がおこなわれている財ですが，たとえば，税金を支払っていない人々が道路を使うことができないようにすることは可能でしょうか．警察や消防を使えないようにすることは可能でしょうか．道路は誰でも使うことができ，警察や消防についても同様です．このように，消費することを排除できない財も存在しているわけですが，このような性質のことを**非排除性**といいます．

　財の中には，非競合性と非排除性という 2 つの性質を併せもった財が存在していますが，このような財のことを**公共財**とよんでいます．公園や道路は，誰かが使っていても他の人も使うことができるので，非競合性という性質をもっています．さらに，その建設費用や維持費用を負担していなくても，公園や道路は利用することができますので，非排除性という性質ももっていることになります．すなわち，公園や道路は公共財であるということができます．

　道路や公園などの公共財は誰もが必要と考えている財ですが，その供給は市場でおこなわれるでしょうか．公共財は，一度供給されてしまえば，非競合性という性質から誰でも使うことができます．また，非排除性という性質から費用を負担しなくても使うことができます．費用を負担せずに公共財を使用することを**ただ乗り**といいますが，ただ乗りができることがわかっていれば，公共財を使用しようとする人は誰も費用を負担しようとはしないでしょう．

　もし，ある企業が公共財を生産して市場に供給しようとしても，公共財を使用する人々が全員ただ乗りをおこなえば，この企業は生産費用を回収することができず，公共財の市場から撤退せざるを得ないでしょう．したがって，公共

財は市場では供給されないことになってしまいます．それでは公共財は誰が供給するのでしょうか．民間の企業によって公共財の供給をおこなうことが不可能であれば，その役割を担えるのは政府しかいません．現実的にも，道路の建設や公園の整備をおこなっているのは政府や地方自治体なのです．

　それでは，政府や地方自治体は公共財の供給量をどのようにして決定しているのでしょうか．次に，この問題について考えてみましょう．公共財の消費者が2人存在し，それぞれの公共財への需要曲線が**図6-5**のように表されるとしましょう．

　Aさんは公共財を Q だけ需要するとき，公共財1単位に対して P_A の価格を支払ってもよいと考えています．同じ需要量に対して，Bさんは1単位に対して P_B の価格を支払ってもよいと考えています．公共財は，非競合性と非排除性という2つの性質をもっていますので，Q だけの公共財が供給されたとき，AさんもBさんも，この公共財を同時に使うことができます．そして，それぞれ P_A と P_B の価格をすすんで支払おうとしますので，Q の公共財に対する需要価格は $P_A + P_B$ となります．

　他の供給量に対しても同様のことが考えられますので，公共財への需要曲線

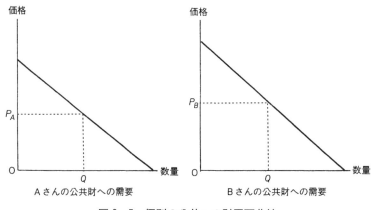

図6-5　個別の公共への財需要曲線

は図6-6のように表されます.

　公共財の生産には費用がかかりますが，公共財を生産するときの限界費用曲
線を図6-6に書き込んでみましょう．第3章の3.6節で考えましたように，
限界費用曲線は供給曲線と同じものです．したがって，限界費用曲線を書き込
むことで，需要曲線と供給曲線の交点を求めることができますので，公共財の
最適な供給量を求めることができるのです.

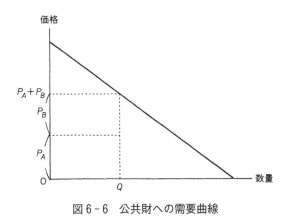

図6-6　公共財への需要曲線

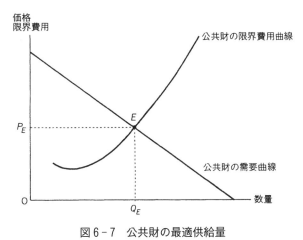

図6-7　公共財の最適供給量

　図 6-7 に描かれているように，公共財の需要曲線と限界費用曲線（供給曲線）の交点は E 点になりますので，公共財の供給量は Q_E，価格は P_E となります．価格 P_E は，公共財の需要量が Q_E のときの A さんと B さんの，それぞれの需要価格を足し合わせたものとなっています．

6.4　公共財の供給と費用負担

　6.3 節では，公共財への需要と供給から最適な供給量が決定されることを確認しましたが，この節では，このことについて具体例を使いながら，もう少し詳しく考えてみましょう．また，公共財の費用負担についても考えてみます．

　A さんと B さんの 2 人からなる社会を想定しましょう．それぞれの公共財に対する需要曲線が次のように表されているとします．

$$\text{A さん}: P_A = 90 - 3D_A \tag{6.3}$$

$$\text{B さん}: P_B = 40 - 2D_B \tag{6.4}$$

P_A：A さんの公共財の需要価格，D_A：A さんの公共財への需要

P_B：B さんの公共財の需要価格，D_B：B さんの公共財への需要

また，この公共財を生産するときの限界費用曲線が，

$$MC = 3Q_S + 10 \quad (MC：限界費用，\ Q_S：生産量) \tag{6.5}$$

で示されるとします．

　いま A さんと B さんの 2 人が同時に公共財を需要しているとします．そして，それぞれの需要曲線は(6.3)，(6.4)より**図 6-8** のように表されます．（これは**図 6-3** と同様の図です．）

　6.3 節で確認しましたが，公共財とは，消費することが競合しない非競合性という性質と，消費することを排除することができない非排除性という 2 つの

性質を併せもった財のことでした．この2つの性質によって，AさんとBさんは，この公共財を同時に使うことができるので，公共財への需要曲線は2人の需要を合わせて**図6−9**のように表されます．（図6-6と同様の図です．）

　これで，公共財への需要曲線が得られましたので，あとは供給曲線を書き込めば，最適な供給量を求めることができます．第3章の3.6節で確認しましたように，限界費用曲線は供給曲線と同じものでした．したがって，(6.5)が供給曲線ということになりますので，これを公共財への需要曲線の**図6−10**に書

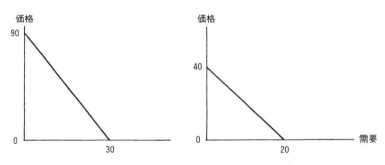

図6-8　それぞれの公共財への需要曲線

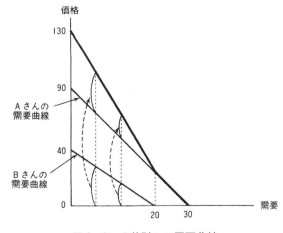

図6-9　公共財への需要曲線

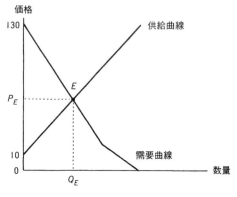

図6-10 公共財への需要と供給

き込んでみます.（図6-7と同様の図です.）

図6-10より，公共財の最適供給量はE点で決定されるQ_Eということになります.また，価格はP_Eということになります.

次に，(6.3)〜(6.5)によって需要曲線と限界費用曲線が与えられていますので，具体的にQ_EやP_Eを求めてみましょう.

まず，図6-9で考えたように，2人の需要曲線(6.3)と(6.4)を合わせた需要曲線を求めます.

$$P_A + P_B = (90 - 3D_A) + (40 - 2D_B) = 130 - (3D_A + 2D_B)$$
$$(6.6)$$

公共財の非競合性という性質によって，2人は同時に公共財を使うことができますが，同じ量を需要しているとして$D_A = D_B$とします.そして，さらに$D_{A+B} \equiv D_A = D_B$とおくことにします.また，$P_{A+B} \equiv P_A + P_B$とします.これらの記号によって(6.6)は次のように書き直されます.

$$P_{A+B} = 130 - 5D_{A+B} \qquad (6.7)$$

ここでは，E 点のように，公共財への需要と供給が等しくなった状態を考えて
いますので，限界費用曲線（すなわち供給曲線）を表した(6.5)と(6.7)が等しく
なった状態を想定します．つまり，

$$130 - 5D_{A+B} = 3Q_S + 10 \tag{6.8}$$

という状態を想定します．需要量と供給量が等しくなっているので，$Q \equiv D_{A+B}$
$= Q_S$ とおくと，

$$130 - 5Q = 3Q + 10$$

となりますので，$Q = 15$ となり，公共財の最適な供給量が求められます．

　公共財の費用負担額とは，公共財に対してどれだけ支出するかということで
すが，それは言い換えると，公共財に対してどれだけ支払ってよいかと考えて
いるかということです．すなわち，需要価格を考えればよいということになり
ますので，(6.3)，(6.4)に公共財の最適供給量を代入して，それぞれの需要価
格を求めれば公共財の費用負担額が求められます．

$$P_A = 90 - 3D_A = 90 - 3 \times 15 = 45$$
$$P_B = 40 - 2D_B = 40 - 2 \times 15 = 10$$

したがって，A さんの公共財への需要価格は 45，B さんの公共財への需要価格
は 10 ということになります．このことから，A さんは 45，B さんは 10 を，そ
れぞれ公共財に対して支払うことになりますので，E 点での公共財の価格 P_E
は両者を合計した 55 になるはずです．これは，(6.7)に $D_{A+B} = 15$ を代入す
ることで確かめることができます．2 人が同時に公共財を使うことで，支払う
べき価格 55 のうち 45 を A さんが，10 を B さんがそれぞれ負担することに
なっているのです．

第7章　適用例3：独占市場の分析

　本章では，第2章から第4章までの基本部分を適用する少し進んだ分析の1つとして，ある財の市場における生産活動が1企業のみによって行われているような売り手が独占している市場（以後，独占市場とよびます）について考察を行っていきます．

　独占市場には競争相手がいないため，独占企業は生産した財の価格を自由に設定することができます．しかしながら，高い価格を設定すると需要が減少し，売り上げの減少によって利潤は減少するかもしれません．逆に，低い価格を設定すれば需要が増加し，売り上げの増加によって利潤は増加するかもしれません．したがって独占企業は，利潤を最大にするために，どのような価格を設定すればよいかということを考えなければなりません．本章での分析は，このようなことに焦点を当てながら進められます．

　まず，7.1節では，設定する価格と収入の関係について分析をおこなうために，生産量を1単位増加させたときに収入がどれだけ増加するかを表した**限界収入**について確認します．簡単な例を使って，設定する価格と需要量の関係を需要曲線を使って考えますが，設定する価格を変更すると需要が変化し，収入が変化します．このことから，生産量と収入の関係を考えることができますの

で，限界収入を求めることができます．

　次に，7.2 節では，第 3 章で出てきた限界費用と，7.1 節で確認した限界収入を使って利潤を最大にするための条件について考えます．そして，独占企業の利潤最大条件を導出します．

　さらに，7.3 節では，第 2 章で出てきた需要曲線，第 3 章で出てきた平均費用曲線，限界費用曲線，7.1 節で確認した限界収入曲線，および，7.2 節で確認した利潤最大条件を使って独占利潤がどのように図示されるかについて考えます．その図をもとに，第 4 章で確認した余剰の考え方を当てはめることによって，完全競争市場の場合とどのように異なるかについて考えます．そして，独占市場と完全競争市場では，余剰の大きさが異なってくることを確認していきます．最後に，7.4 節では，独占市場の分析を公益企業の分析に適用し，公益企業の価格設定について考えていきます．

7.1　限 界 収 入

　独占市場では競争相手がいないため，独占企業は生産した財の価格を自由に設定することができます．しかし，高い価格を設定すると需要は減少し，逆に，低い価格を設定すると需要は増加します．需要の増減は収入に影響を及ぼし，その影響を通じて利潤の大きさに影響を及ぼします．したがって，設定する価格と収入の関係は独占企業にとって重要な問題になります．そこで，需要曲線を使いながら，設定する価格と収入の関係について考えていきます．

　図 7−1 は需要曲線を表していますが，分析を簡単にするために，価格が P_1 のときは需要量は 1 個，価格が P_2 のときは需要量は 2 個，価格が P_3 のときは需要量は 3 個，……，となっています．この図を使って，独占企業が設定する価格と収入の関係について考えてみましょう．

　まず，独占企業が価格を P_1 に設定したとしましょう．需要曲線から需要量

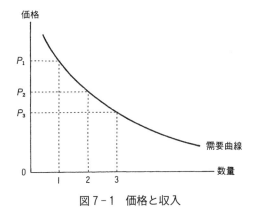

図 7 - 1　価格と収入

は 1 個になりますので，1 個生産して販売したときの収入は $P_1 \times 1 = P_1$ となります．次に，需要量をもう少し増やすために，価格を P_2 に下げたとしましょう．需要曲線から需要量は 2 個に増えますので，2 個生産して販売したときの収入は $P_2 \times 2 = 2P_2$ となります．

　価格を P_1 から P_2 へ下げることで販売量は 1 個から 2 個へ増加したわけですが，販売量，すなわち生産量の変化から見た収入の変化はどうなっているでしょうか．生産量が 1 個のときは収入は P_1 で，2 個のときは $2P_2$ です．したがって，生産量が 1 個増加することで，収入は $2P_2 - P_1 = P_2 - (P_1 - P_2)$ だけ増加しています．このような，生産量が 1 単位増加したときの収入の増加分のことを**限界収入**とよんでいます．

　生産量が 1 個のときは限界収入は P_1 となりますが，生産量が 2 個のときは，さきほど計算しましたように $P_2 - (P_1 - P_2)$ となります．$P_1 > P_2$ なので，生産量が 2 個のときの限界収入は P_2 より小さくなります．

　生産量が 3 個になると限界収入はどうなるでしょうか．3 個生産して販売するときの価格は P_3 ですので収入は $3P_3$ となります．2 個生産して販売するときの収入は $2P_2$ でしたので，3 個生産するときの限界収入は $3P_3 - 2P_2 = P_3$

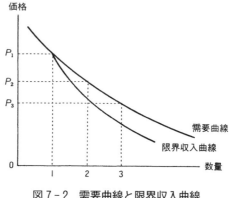

図7-2　需要曲線と限界収入曲線

$-2(P_2 - P_3)$ となります．$P_2 > P_3$ なので，生産量が3個のときの限界収入は P_3 より小さくなります．

　したがって，限界収入は，独占企業が設定する価格水準よりも常に小さくなることになります．各生産量に対応した限界収入の大きさを曲線で結んで限界収入曲線を描くと，需要曲線と限界収入曲線の位置関係は**図7-2**のようになります．

7.2　利潤最大条件

　独占企業が設定する価格と限界収入の関係を得ることができましたので，この節では，独占企業の利潤最大条件について考えてみます．そのために，第3章の3.2節で紹介した限界費用について，再度確認しておきましょう．限界費用とは，生産物を1単位追加的に生産したときに，それにともなって追加的に増加する費用のことでした．

　図7-2では，生産量が1個増加したときの収入の変化について考えました．生産量を1個追加するとき収入が追加的に増加していましたが，生産にかかる

費用もまた，追加的に増加しているはずです．すなわち，限界費用が発生して
いるはずですが，生産量が 1 個のときから順次，限界収入と限界費用の関係に
ついて考えてみましょう．

　生産量をゼロから 1 個に増加させたとき，限界収入は（前節でみましたように）
P_1 になります．このとき，限界費用が発生していますが，もし P_1 ＞限界費用
という関係が成立していたら，独占企業は生産量をどうするでしょうか．P_1
＞限界費用という関係が成立しているということは，生産量を 1 単位増加させ
たとき，追加的に得られる収入の方が追加的に発生する費用よりも大きいとい
うことです．すなわち，生産量を 1 単位増加させることで，追加的な利潤を得
ることができるのです．このような状況においては，独占企業は生産量を増加
させるでしょう．

　次に，生産量を 1 個から 2 個に増加させたときの状況について考えてみます．
今度は，限界収入は（これも 7.1 節でみましたように）$P_2 - (P_1 - P_2)$ になります．
このとき，もし $P_2 - (P_1 - P_2)$ ＞限界費用という関係が成立していたら，生
産量が 1 個のときと同様に，生産量を 1 単位増加させたとき，追加的に得られ
る収入の方が追加的に発生する費用よりも大きいということになり，生産量を
1 単位増加させることで，追加的な利潤を得ることができます．したがって，
独占企業はさらに生産量を増加させることになります．

　それでは，独占企業はいつまで生産量を増加させ続けるのでしょうか．この
ことを考えるために，ある量の生産をおこなっている状況を想定しましょう．
そして，生産量を現在の水準から 1 個増加させたとき，限界収入＝限界費用と
いう関係が成立したとしましょう．この状況は，生産量を 1 単位増加させて追
加的に得られる収入と追加的に発生する費用が同じになっている状況であり，
追加的な利潤を得ることができなくなった状況です．

　そこで，生産量をもう 1 個増加させてみることにします．そして，今度は，
限界収入＜限界費用という関係が成立しているとしましょう．この状況は，生

産量を1単位増加させて追加的に得られる収入よりも追加的に発生する費用の方が大きくなっている状況であり，生産量を追加することで赤字が発生する状況です．このような状況に陥るとき，独占企業は生産量を増加させることをやめるでしょう．そして，限界収入＝限界費用という関係が成立するところまで生産量を減少させるでしょう．

　以上のことから，独占企業は，限界収入＞限界費用という関係が成立しているときは，追加的な利潤が得られますので生産量を増加させますが，限界収入＝限界費用という関係が成立するところまで生産量を増加させてしまうと，追加的な利潤を得ることができなくなるので，生産量を増加させることをやめてしまいます．

　すなわち，限界収入＝限界費用という関係が成立するところまで生産量を増加させると，もはやそれ以上の利潤を得ることができなくなるので，利潤は最大化されていることになります．よって，独占企業の利潤最大条件は，限界収入＝限界費用ということになるのです．

7.3　独占の弊害

　独占企業の利潤最大条件を確認しましたので，需要曲線，限界収入曲線，限界費用曲線，および，平均費用曲線を使って，独占企業の最大利潤を図示することを考えてみましょう．

　図7‐3の需要曲線と限界収入曲線は，**図7‐2**をもとにして描いています．また，平均費用曲線，限界費用曲線については，第3章の**図3‐6**をもとにして描いています．

　7.2節より，利潤最大条件は限界収入＝限界費用でしたが，この条件が成立するのは限界収入曲線と限界費用曲線の交点である E 点です．したがって，独占企業は E 点に対応する生産量である Q^* の水準に生産量を決定します．そし

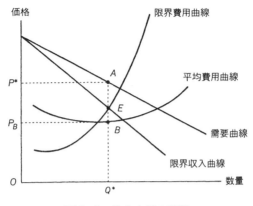

図7-3　独占企業の利潤

て，生産した財をちょうど売り尽くすためには需要量を Q^* にしなければならないので，需要曲線より，需要量をちょうど Q^* にする価格水準である P^* に生産した財の価格を決定します．

　このとき，**図7-3**では，最大利潤の大きさはどのように表されているでしょうか．生産量が Q^*，価格が P^* なので，収入は価格×生産量＝ $OP^* \times OQ^*$ ＝四角形 P^*OQ^*A（の面積）の部分で表されます．また，費用は，生産量が Q^* のときの平均費用×生産量＝ $BQ^* \times OQ^*$ ＝四角形 P_BOQ^*B（の面積）の部分で表されます．利潤は収入－費用で求められますので，四角形 P^*OQ^*A －四角形 P_BOQ^*B ＝四角形 P^*P_BBA（の面積）で表されます．この四角形が独占企業の最大利潤を表しているのです．

　独占企業は，このようにして利潤を最大にするように生産量を決定し，独占市場へ供給しているのですが，第4章で考察した完全競争市場とどのように異なっているのでしょうか．第4章で紹介した余剰の考え方を使ってこのことを確認していきましょう．

　図7-4は**図7-3**とほとんど同じものですが，平均費用曲線が削除されています．この図を使って，独占の場合の余剰と完全競争の場合の余剰の比較をお

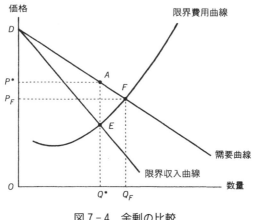

図 7 - 4　余剰の比較

こなってみましょう. 独占の場合は価格が P^* の水準, 市場での取引数量が Q^* に決定されますので, 消費者余剰は三角形 DP^*A の部分になり, 生産者余剰は線分 P_*A, 線分 AE および限界費用曲線に囲まれた部分になります. したがって, 社会的余剰は線分 DA, 線分 AE および限界費用曲線に囲まれた部分になります.

それに対して, 完全競争の場合の余剰はどの部分で表されるでしょうか. 限界費用曲線は供給曲線と同じものでした. したがって, 需要曲線と限界費用曲線の交点である F 点で取り引きされる価格と数量が決定されます. つまり, 価格は P_F の水準, 取引される数量は Q_F の水準にそれぞれ決定されます.

このことから, 完全競争の場合の消費者余剰は三角形 DP_EF の部分, 生産者余剰は線分 P_FF と限界費用曲線に囲まれる部分になります. したがって, 社会的余剰は線分 DF と限界費用曲線に囲まれた部分になります.

以上のことから, 独占の場合の社会的余剰と完全競争の場合の社会的余剰を比べると, 独占の方が, 三角形 AEF の部分だけ社会的余剰が小さくなっていることがわかります. この部分は, 完全競争の場合と比べて価格水準が高くな

り，取り引きされる数量が減少することから生じる一種の社会的な損失を表しているので，第4章の4.6節で紹介した厚生損失が発生しているのです．社会的余剰の考え方から，独占市場には，このような弊害が存在しているのです．

7.4　公益企業の分析

　電気，ガス，水道のような公益企業は，大規模な設備投資にもとづく独占企業です．このような大規模な設備投資をともない，かつ，大規模な生産をおこなう企業の平均費用曲線，限界費用曲線は右下がりの部分が非常に大きくなります．

　これは次のような理由によるものです．大規模な設備投資をおこなうため固定費用を表した費用曲線の切片の値が大きくなり，また生産の規模が非常に大きくなるため，生産量が少ないときの費用曲線の左側の傾きが急な部分が長くなり，傾きが緩やかな中間部分も長くなり，生産量が多くなり再び傾きが急になる右側の部分も長くなります．

　図7-5において，通常の費用曲線と公益企業の費用曲線を比較していますが，たとえば平均費用を考えた場合，図7-5のように通常の場合と比べて，平均費用が減少から増加に転じる生産量がかなり多くなり，そのため，平均費用曲線の右下がりの部分が非常に大きくなっています．限界費用についても，生産量が増加していくとき，通常の費用曲線の接線の傾きの方がはやく最小になるため，通常の場合と比べて限界費用曲線の右下がりの部分が大きくなります．このことから公益企業の費用曲線は図7-6のようになります．

　図7-6を使って，公益企業の生産量決定について考えてみましょう．まず，独占の利潤最大条件である限界収入＝限界費用という関係にもとづいて生産量と価格を決定するとどうなるでしょうか．この場合は，E 点で利潤最大条件が成立し，生産量は Q^*，価格は P^* となりますが，電気，ガス，水道のような生

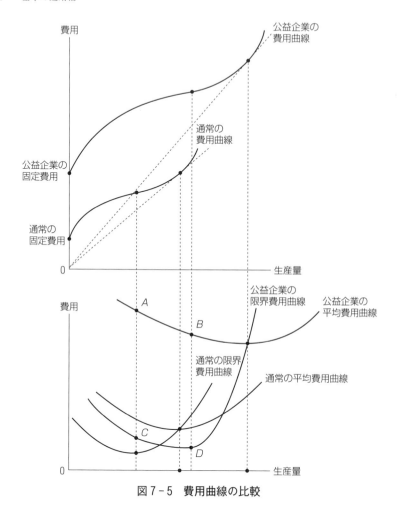

図7-5　**費用曲線の比較**

活の基盤となる財が，高い価格で供給されることになるでしょう．

　そこで，このような状況を回避するために，需要曲線と平均費用曲線の交点である A 点で価格と生産量を決定することを考えてみます．A 点では，価格が P_{AC}，生産量が Q_{AC} になりますので，公益企業の収入は $P_{AC} \times Q_{AC} =$ 四角形

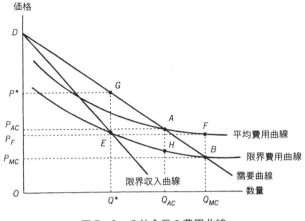

図 7 - 6　公益企業の費用曲線

$P_{AC}OQ_{AC}A$（の面積）で表されます．一方，生産量が Q_{AC} のときの平均費用の大きさは AQ_{AC} で表されますので，Q_{AC} だけ生産するのにかかる費用は平均費用×生産量＝$AQ_{AC} \times OQ_{AC}$＝四角形 $P_{AC}OQ_{AC}A$（の面積）で表されます．

　すなわち，収入と費用が同じ大きさになっていますので，A 点のような平均費用曲線と需要曲線の交点で価格と生産量を決定すれば，公益企業に赤字を出すことなく，生活の基盤となる財をより多く供給することができます．A 点のような点で価格と生産量を決定する方法のことを**平均費用価格設定方式**とよんでいます．

　次に，需要曲線と限界費用曲線の交点である B 点で価格と生産量を決定することを考えてみましょう．B 点では，価格が P_{MC}，生産量が Q_{MC} になりますので，公益企業の収入は $P_{MC} \times Q_{MC}$＝四角形 $P_{MC}OQ_{MC}B$（の面積）で表されます．一方，生産量が Q_{MC} のときの平均費用の大きさは FQ_{MC} で表されますので，Q_{MC} だけ生産するのにかかる費用は平均費用×生産量＝$FQ_{AC} \times OQ_{MC}$＝四角形 $P_{F}OQ_{MC}F$（の面積）で表されます．

　したがって，B 点で価格と生産量を決定した場合は，平均費用価格設定方式

よりも，電気，ガス，水道のような生活の基盤となる財を，より低い価格でより多く供給できるのですが，収入を表す四角形よりも費用を表す四角形の方が大きくなり，公益企業に赤字が発生することになってしまいます．この赤字の大きさは，収入を表した四角形 $P_{MC}OQ_{MC}B$ と費用を表した四角形 $P_FOQ_{MC}F$ の差額の部分である四角形 $P_FP_{MC}BF$ の部分になります．もし公益企業が B 点のような点で生産量を決定する場合は，赤字の大きさに対応する補助金が政府等によって支給されなければならないでしょう．B 点のような点で価格と生産量を決定する方法のことを**限界費用価格設定方式**とよんでいます．

　余剰の考え方を使って，利潤最大条件によって生産量を決定した場合，平均費用価格設定方式で生産量を決定した場合，限界費用価格設定方式で生産量を決定した場合をそれぞれ比較してみましょう．利潤最大条件によって生産量を決定した場合は，社会的余剰は線分 DG，線分 EG および限界費用曲線で囲まれる部分になります．平均費用価格設定方式によって生産量を決定した場合は，線分 DA，線分 AH および限界費用曲線で囲まれる部分が社会的余剰を，限界費用価格設定方式によって生産量を決定した場合は，（政府が公益企業の赤字を補助金によって補填するならば）線分 BD と限界費用曲線で囲まれる部分が社会的余剰をそれぞれ表しています．したがって，方式の転換によって，社会的余剰は増加していくことが確認できます．

第8章　適用例4：不完全競争市場の分析

　本章では，ある市場に複数の企業が存在する場合の分析について考察をおこなっていきます．ある市場内に複数の企業が存在する市場のことを**寡占市場**とよびますが，まず寡占市場で起こる価格が硬直的であまり動かないという現象(価格の下方硬直性)について，第2章で考察した需要曲線をもとに**屈折需要曲線**を導出し，第3章で考察した利潤最大条件および費用の分析を適用しながら考察を進めていきます．

　寡占市場内の企業は，お互いにライバル企業の価格設定に注意しています．たとえばライバル企業が値下げをすると，顧客を奪われないために，ただちに追随して値下げをおこないますが，この追随行動によって値下げをしても思ったほど需要は増えないことになります．このことから需要曲線が現行価格のところで屈折するという現象が起こり，価格の硬直性を説明することができるようになります．

　次に，寡占市場では，ライバル企業がお互いに生産しているものが類似の財であってもデザインや性能のわずかな違いによって消費者を引きつけようとする競争がおこなわれていますが，そのように価格以外の要素によって財が差別されるような市場の分析について考察を進めていきます．

　企業独自のデザインや性能をもたせた財を供給し，それによって消費者を引きつけることができれば，その財はその企業によって独占的に供給される財になります．その一方で，類似した財を生産している企業は多数存在しており，その財の市場では競争がおこなわれています．このように競争的な市場ではあるが，同時に，独占的な要素ももっている市場のことを**独占的競争**市場とよんでいます．このような市場で生産量や価格がどのように決定されているかについて，第2章で考察した需要曲線，第3章で考察した利潤最大条件および3つの費用曲線の図を用いながら考察していきます．

　最後に，第3章および第3章の補論Cでおこなった生産行動の分析においては，通常は利潤の最大化を前提とした分析がおこなわれるのですが，現実には，利潤ではなく売上高に注目して生産量や価格を決定している企業が存在しています．これは（後で詳しく述べますが）売上高が大きいほど，より多くの消費者を引きつけることができたり，市場占拠率を大きくすることができたりするというメリットがでてくるからです．このように売上高の最大化を想定した場合には，生産量や価格がどのように決定されるのかについても分析を進めていきます．

8.1　屈折需要曲線

　序文でも述べましたが，寡占市場では，価格が硬直的であまり変化しないという現象がみられます．この節では，屈折需要曲線を使って，この価格硬直性がなぜ起こるかということの分析をおこなっていきます．

　ある財の市場に複数の企業が存在しているとしましょう．これらの企業は，お互いに同じ財を生産し，競争をおこなっています．同じ財を生産しているため，ライバル企業から消費者を呼び込むためには，価格を調整するしかありません．すなわち，ライバル企業より低い価格を設定して，消費者を呼び込もう

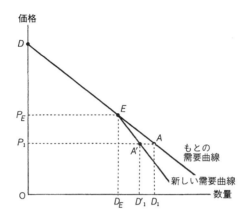

図 8-1　需要曲線の変化（値下げの場合）

とするのです.

　ライバル企業の値下げに気がついた他の企業はどうするでしょうか. このまま, だまってライバル企業の値下げを見過ごすでしょうか. そのような対応をすれば, 値下げした企業に消費者を奪われて, たちまち利潤が減少していくでしょう. このような状況に陥らないためには, ライバル企業が値下げをおこなった場合は, 他の企業も値下げをせざるを得ません.

　このように, 寡占市場において, ある企業が値下げをおこなった場合は, 他の企業も一斉に値下げをおこなうことになります. このとき, 各企業の製品に対する需要はどのように変化するでしょうか. 図 8-1 を使って考えることにします.

　図 8-1 には, 寡占市場での, ある企業の製品への需要曲線を描いています. 現在の価格は P_E であり, この企業の製品には D_E だけの需要があるとします.

　この企業が他の企業を出し抜くことをもくろんで値下げをおこない, 価格を P_E から P_1 まで下げたとしましょう. すると, もとの需要曲線では需要は D_1 まで増えることになりますが, 本当に D_1 まで需要を増やすことができるで

しょうか.

　他の企業が値下げを見過ごせば，需要は D_1 まで増加するかもしれません.
しかし，他の企業は，直ちに値下げに追随し，一斉に価格を P_1 まで下げるこ
とになります.そのため，値下げによって取り込んだと思われた消費者の一部
は，同じ価格まで値下げをおこなった別の企業の製品を購入することになるで
しょう.

　このことから，価格を P_1 まで下げたとき需要は D_1 まで増加せず，たとえば，
D_1' までの増加にとどまるでしょう.すると，価格 P_1 に対しては需要 D_1' が対
応することになり，図8-1の A' 点が対応する座標ということになります.し
たがって，需要曲線は A 点を通るものではなく，A' 点を通るものになります.
この需要曲線の変化を曲線全体で考えると，E 点を支点として折れ曲がったよ
うな形状になり，D 点，E 点，A' 点を通るような屈折した需要曲線になります.
このような需要曲線のことを**屈折需要曲線**とよんでいます.

　それでは，ある企業が値上げをおこなった場合は，需要曲線はどのように変
化するでしょうか.このことについて，次に考えてみます.

　ある企業が利潤を増加させることを目的として値上げをおこなったとき，他
の企業はどのように行動するでしょうか.値上げをおこなうと，消費者はより
安い価格の製品を求めて，他の企業の価格を調べるでしょう.このとき，値上
げに追随せず，もとの価格を維持しておけば，より安い価格を求めている消費
者を取り込むことができるでしょう.したがって，ある企業が値上げをおこな
う場合は，他の企業はこれに追随せず，現行の価格を維持しようとするでしょ
う.

　このとき，需要曲線はどのように変化するでしょうか.図8-2を使って考
えてみましょう.

　図8-2には，ある企業の製品への需要曲線を描いています.現在の価格は
P_E であり，この企業の製品には D_E だけの需要があるとします.この企業が利

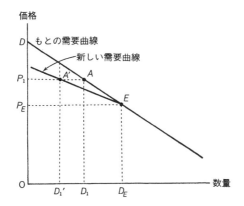

図8-2　需要の変化（値上げの場合）

潤を増加させることをもくろんで値上げをおこない，価格を P_E から P_1 まで
上げたとしましょう．すると，もとの需要曲線では需要は D_1 まで減少するこ
とになりますが，本当に D_1 までの減少で済むでしょうか．

　他の企業が同じように値上げをおこない，価格を P_1 に調整すれば，需要は
D_1 までの減少ですむかもしれません．しかし，他の企業は価格を現行のまま
にして，値上げはおこなわないでしょう．ある企業が値上げをおこなえば，消
費者はその企業の製品ではなく，より安い価格の付いた他の企業の製品を探し
始めることになります．その結果，値上げをおこなった企業から離れた消費者
を引きつけることができるからです．

　このことから，値上げをおこなった企業の製品への需要は，一部の消費者が
他の企業のより安い製品を購入するようになるため，D_1 よりももっと減少し，
たとえば，D_1' まで減少することになるでしょう．すると，価格 P_1 に対しては
需要 D_1' が対応することになり，**図8-2**の A' 点が対応する座標ということに
なります．したがって，需要曲線は A 点を通るものではなく，A' 点を通るも
のになります．この需要曲線の変化を曲線全体で考えると，E 点を支点として

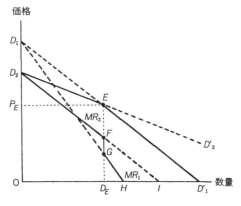

図 8-3　屈折需要曲線と限界収入曲線

折れ曲がったような形状になり，A' 点，E 点を通るような屈折した需要曲線になります．

　このように需要曲線が屈折した場合，限界収入曲線はどのように変化するでしょうか．第 7 章の**図 7-2** で考えたように，限界収入曲線は需要曲線の下方に位置します．

　図 8-3 を使って，限界収入曲線についてさらに考えてみましょう．屈折需要曲線 D_2ED_1' のもとの需要曲線が D_1ED_1' であったとしましょう．この需要曲線に対応する限界収入曲線は D_1GH で表されています．そして，E 点で屈折した後の需要曲線は D_2ED_2' で表されています．この需要曲線に対応する限界収入曲線は D_2FI です．

　屈折した需要曲線は，需要量 D_E を境目として D_2ED_1' で表されています．したがって，限界収入曲線は，需要量が D_E のところまでは D_2F（図中の MR_2）で表され，需要量が D_E 以上になると GH（図中の MR_1）で表されることになります．需要量が D_E のところでは，限界収入曲線が F 点から G 点に移動しますので，限界収入曲線全体は D_2FGH で表されることになります．

　図 8-3 で得られた限界収入曲線をもとにして，寡占市場での，企業の利潤

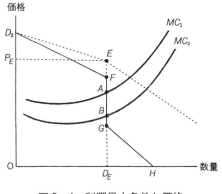

図 8 - 4　利潤最大条件と価格

最大化について考えてみましょう．利潤を最大にするための条件は限界収入＝限界費用でした．**図 8 - 4** を使って，利潤最大条件が成立する状況を確認してみましょう．

　図 8 - 4 には，（屈折した）限界収入曲線と 2 つの限界費用曲線（MC_1, MC_2）が描かれていますが，これらの限界費用曲線は限界収入曲線の FG の部分を通るように描かれています．

　寡占市場に存在している企業が**図 8 - 4** のような限界収入曲線と限界費用曲線に直面しているとしましょう．まず最初の状態として，限界費用曲線が MC_1 であったとします．利潤最大条件は A 点で成立しますので，この企業は生産量を D_E とし，さらに生産したものをすべて売り尽くすために，価格を P_E に設定します．なぜなら，価格が P_E であれば，需要曲線より需要量も D_E となるからです．

　次に，原材料費の変化などによって生産にかかる費用が変化し，限界費用曲線が MC_2 に変化したとしましょう．この変化によって，利潤最大条件が成立する点は A 点から B 点に移動します．しかしながら，生産量はもとの D_E のままとなり，その結果，価格ももとの P_E のままになります．

　寡占市場では，価格があまり変化せず，価格の硬直性が観察されることが多いのですが，図 8 - 4 のような状況が実現されると，価格は変化しにくいことになります．このように，屈折需要曲線によって，寡占市場の価格硬直性を説明することができるのです．

8.2　独占的競争

　8.1 節の屈折需要曲線による分析では，財は価格によってのみ差別されていました．消費者は価格にのみ反応し，安い価格のつけられた財へと引きつけられていきました．しかし，実際に市場に供給されている財は，類似の財であっても価格以外の要素によって差別されており，そのデザインや性能のわずかな違いによって消費者を引きつけようと競争がおこなわれています．この節では，類似の財であってもデザインや性能によって差別されているような財の市場について考えていきます．

　家電製品などの類似した財を生産している企業は多数存在しており，その財の市場では競争がおこなわれています．そして，利潤が得られることが判明すると，新たに市場に参入してくる企業もでてきます．しかし，その一方で，ある企業が生産している財については，その企業独自のデザインが施され，（他企業の製品とのわずかな違いではあっても）独自の性能をもっているため，その企業によって独占的に供給される財になっています．

　このように，競争的な市場ではあるが，同時に，独占的な要素ももっている市場のことを**独占的競争**市場とよんでいます．独占的競争市場のなかで生産活動をおこなっているある企業に注目して，生産量や価格をどのように決定しているか考えていきましょう．

　図 8 - 5 は，独占的競争市場の中で生産活動をおこなっているある企業の製品への需要曲線，および，この企業の限界費用曲線，平均費用曲線，限界収入

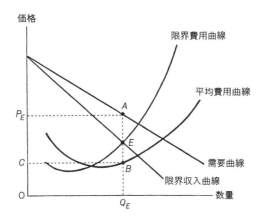

図 8-5　独占的競争市場のある企業の初期状態

曲線を表しています．この企業が生産している製品については，デザインや性能が他企業の製品と異なっているため，第 7 章で分析をおこなった独占企業となっています．したがって，独占の利潤最大化条件である限界収入＝限界費用が成立している E 点で生産量が Q_E に決定され，その生産量をちょうど売り尽くすために価格が P_E に設定されています．このとき，(第 7 章でみたように) 収入は四角形 $P_E O Q_E A$ で表され，費用は四角形 $C O Q_E B$ で表されるので，利潤は四角形 $P_E C B A$ で表されます．

　現在，この企業は利潤を得ていますが，利潤が得られているという情報によって，新たに参入してくる企業がでてきたとしましょう．新規に参入した企業は，この企業が生産している製品とはデザインや性能が少し異なったものを生産して市場に供給しますが，そのことによって，この企業の製品の消費者の一部が新規企業の製品へと流れていくでしょう．そして，需要が減少し，**図 8-6** に描かれているように，需要曲線は DD から $D'D'$ へと左へシフトし，同時に，限界収入曲線も MR_1 から MR_2 へと左へシフトするでしょう．

　このような需要曲線のシフトはいつまで続くのでしょうか．新規に参入して

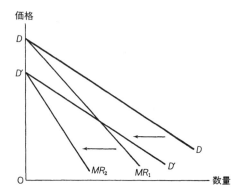

図 8-6 新規参入による需要曲線，限界収入曲線のシフト

くる企業は利潤を求めて参入してきますので，この企業の利潤が正であり続ける限り，新規企業の参入は続くでしょう．参入が続くと需要曲線が左へシフトし続けます．そして，利潤がゼロとなるところまで需要曲線がシフトした時点で新規参入は止まり，価格と生産量が安定することになります．

　この状況を図 8-5 と図 8-6 を使って表してみましょう．まず，利潤がゼロとなるのはどのような状況でしょうか．利潤は収入−費用で計算されますが，収入は価格×生産量で計算されます．一方，費用は平均費用×生産量で求めることができます．したがって，利潤がゼロとなるのは収入＝費用，すなわち，価格×生産量＝平均費用×生産量となるときですが，両辺から生産量を除すると価格＝平均費用となります．

　価格と平均費用が等しくなるのは，どのような状況においてでしょうか．図 8-7 を使って考えてみます．

　他企業の新たな参入により需要が減少するため，需要曲線は，図に示されているように，DD から $D'D'$ へと左へシフトしていきます．そして，平均費用曲線と接するところまでシフトしたとしましょう．そして，需要曲線と平均費用曲線の接点 A で生産量を Q_A，価格を P_A にそれぞれ設定したとします．

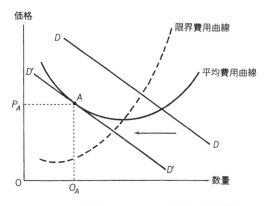

図8-7　利潤がゼロとなる価格と生産量

　A 点での平均費用の大きさは AQ_A の長さで表され，価格は OP_A の長さで表されます．図から明らかなように，平均費用の大きさと価格は等しくなるので，A 点のように需要曲線と平均費用曲線が接するような点で，利潤の大きさがゼロとなっているのです．

　この企業にとって重要なことがもう1つあります．それは，自社の製品については，デザインや性能によって独占の状態になっているので，（第7章で考えた）独占の場合の利潤最大条件である限界収入＝限界費用が満たされなければならないということです．

　それでは，新規参入によって利潤がゼロとなり，かつ，独占の場合の利潤最大条件が満たされる状況とはどのような状況でしょうか．図8-8を使って考えてみます．

　図8-8では，F 点で需要曲線と平均費用曲線が接していますので，利潤がゼロとなる条件が満たされています．また，E 点で限界収入＝限界費用となっていますので，利潤最大条件が満たされています．このとき，生産量は Q_E となり，価格は P_E となっていますが，このような状況において利潤がゼロとなる条件と利潤最大条件が同時に満たされることになります．独占的競争市場で

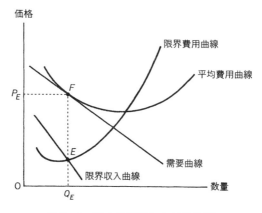

図 8-8　独占的競争における均衡

　図 8-8 のような状況が実現すれば，新規に参入をおこなう企業はなくなり，かつ，利潤最大条件も満たされることになるので，生産量は Q_E，価格は P_E にそれぞれ設定され，均衡が実現することになります．

　図 8-8 に示されているように，独占的競争市場では F 点のような平均費用の最低点ではない点で価格と生産量が設定されるため，平均費用を下げる余地が残ったままになっています．すなわち，Q_E よりも生産量を増加させれば，製品 1 個あたりの平均費用をもっと小さくすることができるので，まだ使える生産能力を残したままになっているのです．

8.3　売上高最大化仮説

　企業は利潤を最大にするように生産活動をおこなうというのが，生産行動の分析の前提でした．第 3 章や補論 C では，この前提にもとづいて分析をおこない，利潤を最大にするための条件などについて検討をおこないました．しかし，現実の企業行動においては利潤ではなく売上高に注目して生産活動がおこなわ

れている場合があり，この節では，利潤ではなく売上高を最大にするように生
産活動をおこなう企業について分析をおこないます．

　売上高に注目するのは，以下のような，いくつかの理由があるためと考えら
れています．たとえば，売上高と市場占拠率の関係を考えたときは，売上高が
大きい方が市場占拠率が大きくなり，独占力が大きくなります．売上高と消費
者の関係を考えたときは，売上高が大きい方がより多くの消費者を引きつける
ことができます．売上高と商社の関係を考えたときは，売上高が大きい方がよ
り多くの商社で製品を取り扱ってもらえます．まだ他にも理由がありますが，
このような理由によって企業は利潤よりも売上高に注目するのです．

　それでは，需要曲線を使って，売上高を図で表すことからまず考えていきま
しょう．

　図8-9の上の図は，ある企業の製品に対する需要曲線を表しています．価
格を P_1 に設定すれば需要量は A 点で決定されて Q_1 になり，以下，価格 P_2 に
対しては B 点で Q_2，価格 P_3 に対しては C 点で Q_3，価格 P_4 に対しては D 点
で Q_4，というように需要量が決まってきます．

　もし価格を P_1 に設定すれば，需要が Q_1 だけありますので，売上高は $P_1 \times$
$Q_1 =$ 四角形 P_1OQ_1A の面積となります．同様に考えて，価格が P_2 のときは売
上高は四角形 P_2OQ_2B の面積，価格が P_3 のときは売上高は四角形 P_3OQ_3C の
面積，価格が P_4 のときは売上高は四角形 P_4OQ_4D の面積でそれぞれ表されま
す．

　図8-9の下の図は，価格と需要量のそれぞれの組合せに対する売上高の大
きさを表しています．たとえば，$A'Q_1$ の長さは価格が P_1，需要量が Q_1 のとき
の売上高である四角形 P_1OQ_1A の面積の大きさに対応しています．同様に，
$B'Q_2$ の長さは価格が P_2，需要量が Q_2 のときの，$C'Q_3$ の長さは価格が P_3，需
要量が Q_3 のときの，$D'Q_4$ の長さは価格が P_4，需要量が Q_4 のときの，それぞ
れの売上高の大きさを表しています．

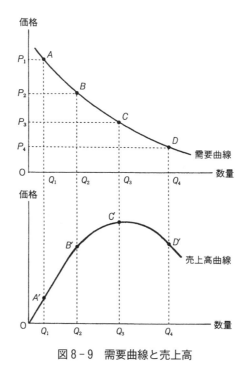

図8-9 需要曲線と売上高

　図8-9の下の図に表されているように，価格の低下による需要量の増加に
ともなって売上高は増加していきます．しかし，C' 点のような売上高が最大
になる点をピークとして，その後は価格の低下による需要量の増加にともなっ
て売上高は減少していきます．したがって，売上高の最大化を考える場合は，
需要量が Q_3 になるように価格を調整し，C' 点を実現できるようにすればよい
ということになります．

　しかし，売上高の最大化を考える場合も利潤を無視するわけにはいきません
ので，（最大になっていなくても）ある程度の利潤を確保しておく必要があります．
そこで，図8-9の売上高曲線と第3章ででてきた費用曲線を使って，利潤の
大きさがどのように表されるか考えてみましょう．

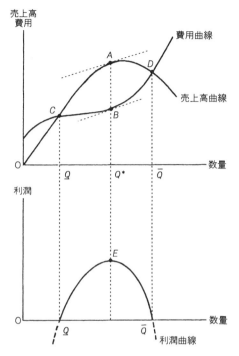

図8-10 売上高曲線，費用曲線と利潤曲線

　図8-10の上の図には，図8-9に描かれていた売上高曲線と第3章ででて
きた費用曲線が描かれています．利潤は収入から費用を引いたのこりですので，
売上高曲線と費用曲線の高さの差で表されることになります．生産量が $\underline{Q}$ と
$\overline{Q}$ のところでは，売上高曲線と費用曲線が交わっていますので両者が等しくな
り，利潤はゼロです．生産量が $\underline{Q}$ と $\overline{Q}$ の間では，売上高曲線が費用曲線の上
方に位置していますので，収入の方が費用より大きくなり，正の利潤が得られ
ています．

　それでは，利潤が最大になるのはどの生産量のときでしょうか．利潤を最大
にするための条件は限界収入＝限界費用という条件でした．第3章の3.2節で

考えたように，限界費用は費用曲線の接線の傾きの大きさで表されていました．
限界収入についても，限界費用と同様に考えることで，売上高曲線の接線の傾
きの大きさで表すことができます．したがって利潤が最大になるのは，**図 8 -
10** の上の図の *A* 点，*B* 点のように売上高曲線と費用曲線の接線の傾きが等し
くなっているときです．したがって，生産量が *Q** のところで利潤は最大に
なっているのです．このようにして求められる利潤の大きさを表しているのが，
図 8 - 10 の下の図です．

　売上高曲線と利潤曲線が得られましたので，売上高と利潤の関係について考
えていきましょう．

　売上高を最大にすることを考えている企業が，利潤を最低 $\underline{\pi}$ の大きさだけは

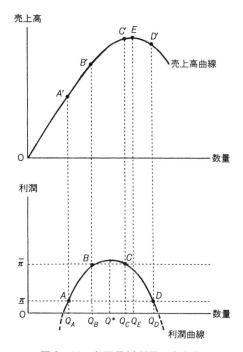

図 8 - 11　必要最低利潤と売上高

出したいと考えているとしましょう．図8-11の下の図より，π 以上の利潤が
あるのは生産量が Q_A と Q_D の間にあるときになります．このとき，図8-11
の上の図より，対応する売上高曲線は A' から D' の部分になります．この場合
は，売上高の最大化を考えるならば，売上高最大点の E 点に対応する生産量
Q_E を選択すればよいことになります．

　次に，必要とする最低の利潤が $\bar{\pi}$ であるとしましょう．図8-11の下の図よ
り，$\bar{\pi}$ 以上の利潤があるのは生産量が Q_B と Q_C の間にあるときになります．こ
のとき，図8-11の上の図より，対応する売上高曲線は B' から C' の部分にな
ります．この場合は，選べる範囲で売上高の最大化を考えるならば，C' 点に対
応する生産量 Q_C を選択することになります．なぜなら，選べる範囲では，C'
点がもっとも高い売上高に対応しているからです．売上高曲線の最大点である
E 点は，この場合，選べる範囲に入っていないので選ぶことができません．

　それでは，図8-11の下の図に需要曲線を書き込んで，価格の決定について
みてみましょう．

　まず，企業が通常の利潤最大化を想定した場合の生産量と利潤を考えてみま

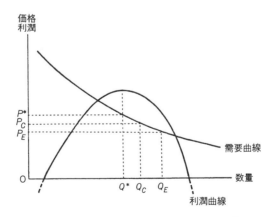

図8-12　それぞれの場合の生産量と価格

しょう. **図8-11**より，利潤を最大にすることを想定した場合の生産量は Q^* でした．**図8-12**には需要曲線と利潤曲線が描いてあり，生産量が Q^* の場合は，需要曲線より価格が P^* になることが示されています．

　次に，必要最低利潤が $\underline{\pi}$ の場合は，**図8-11**より生産量は売上高の最大点に対応した Q_E でしたが，**図8-12**より，生産量が Q_E の場合は価格が P_E になります．最後に，必要最低利潤が $\overline{\pi}$ の場合は，**図8-11**より生産量は売上高曲線上の C' 点に対応した Q_C でしたが，**図8-12**より，生産量が Q_C の場合は価格が P_C になります．

　３つの場合を比較すると，生産量については，必要最低利潤が小さい場合が生産量がもっとも大きく，必要最低利潤が大きくなると生産量は小さくなり，利潤の最大化を想定する場合が生産量がもっとも小さくなっています．それに対応して，価格水準は利潤を最大にする場合が最も高く，必要最低利潤の大きさが小さくなるほど低くなっています．

　以上のことから，企業が必要な利潤を確保することを考慮しながら，売上高の最大化に注目して生産量の決定をおこなう場合は，通常の利潤最大化の場合と比べると，より安い価格で，より多くの製品が供給されることになります．